방송문화진흥총서 205

산업적 지속가능성을 위한 방송영상산업의 재구조화

박종민 이종관 노창희 최믿음 정준희 신명환

이 책은 2019년 방송문화진흥회 저술지원사업의 지원을 받아 수행되었습니다.

■ 박종민
미국 미주리저널리즘스쿨 언론학 박사
현 경희대학교 언론정보학과 교수, 사회과학연구원장
전 한국방송학회, 방송재원특별위원회 위원장
전 한국광고홍보학회 회장

■ 이종관
호주국립대 경제학 박사
현 법무법인 세종 전문위원
전 미디어미래연구소 방송통신정책연구센터장
전 정보통신정책연구원 책임연구원

■ 노창희
중앙대학교 언론학 박사
현 미디어미래연구소 방송통신정책센터 실장(연구위원)
현 경희대학교 경영대학원 겸임교수
현 한국방송학회 방송학보 편집위원

■ 최믿음
한양대학교 신문방송학과 언론학 박사
현 KBS 공영미디어연구소 연구원
전 고려대학교 정보문화연구소 연구교수

■ 정준희
영국 런던대학교 골드스미스칼리지 박사 수료
현 한양대학교 언론정보대학 겸임교수
현 문화체육관광부 여론집중도조사위원회 위원
전 방송통신위원회 방송미래발전위원회 위원

■ 신명환
고려대학교 언론학과 언론학 박사
현 군산대학교 인문도시센터 전임연구원
전 원광대, 전북대 신문방송학과 강사

산업적 지속가능성을 위한
Restructuring Broadcasting Industry
방송영상산업의 재구조화
for Industrial Sustainability in Korea

박종민·이종관·노창희
최믿음·정준희·신명환

머리말

최근 미디어산업은 급변하고 있다. 분리되어 존재하던 미디어들이 기술 발전과 함께 '스토리텔링 vs. 플랫폼'으로 양분되고 있다. 과거 신문, TV, 라디오, 잡지, 인터넷 등의 미디어는 이제 다양한 스토리를 전달하는 플랫폼으로 그 특징이 일원화되고 있다. 이러한 환경의 혁명적 변화는 자연스럽게 미디어산업의 구조적 재편을 유인하고 있다.

본 글은 한국방송학회 방송재원특별위원회의 위원들이 모여 이러한 미디어산업의 급변과 구조적 재편을 고민한 결과이다. 전체 미디어환경 변화에 대해 생각을 나누었지만, 방송관련학자들이 모였기에 '방송'이라는 플랫폼의 미래에 더 많은 고민을 하였다.

방송은 역사적으로 '공영성'이란 책무와 함께 시작되었다. 이러한 방송의 미디어적 특성은 급격한 미디어 산업 재구조화 과정 속에서 다른 미디어와 다른 '사회 내 추가적 숙제'를 낳았다. 바로 '방송은 사회적 공익을 추구해야한다'는 고민이다. 즉, 방송은 사회적 공익을 추구하면서 동시에 방송 플랫폼의 미래도 같이 걱정해야 하는 것이다. 본 글의 제목인 '산업적 지속가능성을 위한 방송영상산업의 재구조화'에 저자들의 이러한 숙의가 녹아 있다.

본 글은 이종관, 노창희, 최민음, 정준희, 신명환(책구성 순서)과 본인이 각 장을 맡아서 정리하였다. 제1장인 방송의 정책학적 접근(박종민, 경희대 언론정보학과 교수)은 방송의 공공성과 공익성의 다양한 관점을 정책학적 관점에서 정리하고 있으며, 제2장인 미디어 경제학적 접근(이종관, 법무법인 세종 전문위원)은 미디어 산업의 특성과 재원 그리고 방송미디어의 재원형성의 흐름에 관해 논하고 있다. 제3장인 '광고, 여전한 재원의 줄기인가? (노창희, 미디어미래연구소 방송통신정책센터 실장)'는 방송미디어 가운데 재원에 있어 어려움을 겪고 있는 지상파방송의 미래지향적 재원 확보 방안과 광고 산업 활성화 방안에 관한 것이며, 제4장은 방송미디어의 공적 재원이라고 할 수 있는 수신료와 방송통신발전기금에 관해 최믿음(KBS 공영미디어연구소)이 논하였다.

제5장에서 이종관(법무법인 세종 전문위원)은 다시 미디어 산업 관점에서 미래 재원구조의 변화 전망을 제시하고 있으며, 제6장에서는 정준희(한양대학교 언론정보대학 겸임교수)가 유럽 및 해외 주요국의 미디어 공공서비스 재원 분석과 비교를 통해, 다시 전체 미디어에서 방송의 영역으로 좁혀, 공적 재원의 정당화와 효율적 동원을 통한 방송영상 산업의 재정적 물꼬트기를 논하였다. 제7장에서 신명환(원광대학교 행정언론학부)은 최근 미디어 재원에 관한 논의를 미디어 산업주체 관점에서 최종적으로 정리하였다.

본 글은 방송 영역 중심으로 논의를 진행하고 있지만, 때론 방송미디어와 함께 전체 미디어산업 구조를 분석하며 조망한다. 이는 초반에 언급하였듯이 방송을 포함한 전체 미디어가 이제 플랫폼화되어 그 구분과 분리가 어려움을 보여주는 반증이기도 하다.

이 책이 출간되면서 몇 분에게 감사한 마음을 표현하고 싶다. 먼저, 같이 위원회 활동을 해주며 많은 조언을 아끼지 않은 심영섭(경희사이버대학교 교수), 조영신(SK브로드밴드) 두 분에게 감사드린다. 더불어 위원회 활동을 물심양면 아낌없이 지원해준 주정민 전 한국방송학회장(전남대학교 신문방송학과 교수)에게도 감사한 마음을 전하고 싶다. 이 책은 방송문화진흥원의 방송문화진흥총서로 진행되었다. 방송문화진흥원에게도 감사드리며 마지막으로 이 책을 출간해주신 〈시간의 물레〉 관계자분들께도 감사드린다. 이 연구서가 동시대에 같은 관심과 연구를 진행하고 있는 분들에게 조금이나마 도움이 되길 기대해본다.

2020년 2월

저자를 대표하여 박종민
경희대학교 언론정보학과, 사회과학연구원장

Contents

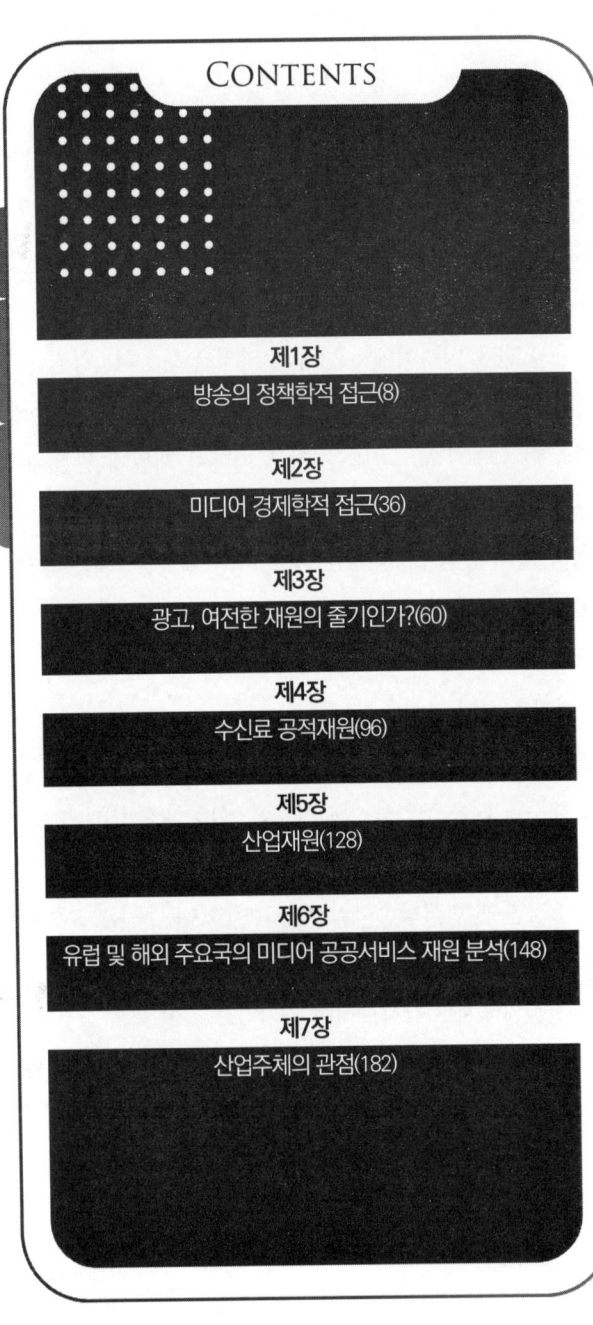

제1장
방송의 정책학적 접근(8)

제2장
미디어 경제학적 접근(36)

제3장
광고, 여전한 재원의 줄기인가?(60)

제4장
수신료 공적재원(96)

제5장
산업재원(128)

제6장
유럽 및 해외 주요국의 미디어 공공서비스 재원 분석(148)

제7장
산업주체의 관점(182)

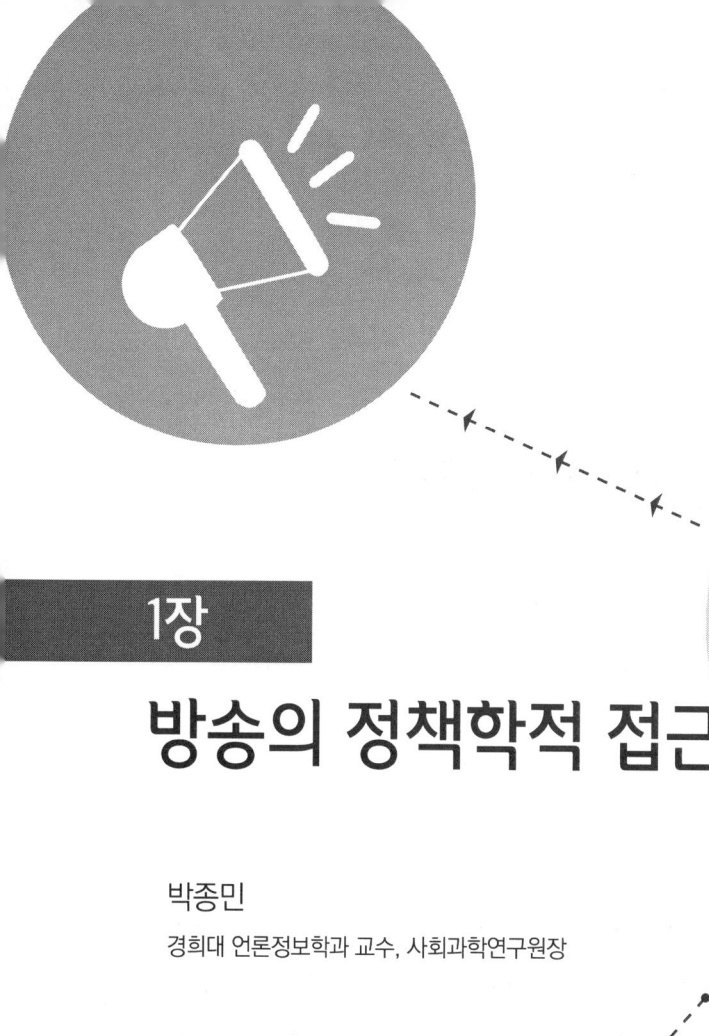

1장
방송의 정책학적 접근

박종민
경희대 언론정보학과 교수, 사회과학연구원장

제1장

방송의 정책학적 접근

박종민
(경희대 언론정보학과 교수, 사회과학연구원장)

정책학적 접근 관점에서 미디어를 보면, 미디어 통신, 기술 및 콘텐츠 등 다양한 범위의 정책적 논의가 가능하다. 본 장에서는 미디어콘텐츠 중 방송이 사회적 공공성 책무를 가져야 하는가에 대한 다양한 논의들을 살펴볼 것이다. 이를 위해 행정과 정책에서 보는 '공공성(publicness)'과 '공익성' 개념을 이해하고, 방송의 공익성인 '공영성'을 보는 두 가지 정책학적 접근(개념 분석적 접근, 시대 변화적 접근)을 논하고자 한다. 본 장은 방송영상산업의 새로운 재원 환경의 세계적 현황과 이에 관한 정책적, 경제적, 문화제도적 논의기반에 대한 이해 및 미래지향적 방향성 제언이라는 본 저술의 목적에 부합하여 방송의 정책학적 기본 논의들을 '공영성' 개념 중심으로 이해하고자 한다. 향후 본격적으로 논의될 방송영상산업의 재원 환경 분석과 바람직한 방향성 도출을 위한 적절한 시작점이 되길 바란다.

1. 방송의 '공영성'을 보는 두 가지 정책학적 접근: 개념 분석적 접근 vs. 시대 변화적 접근

이제까지 방송의 공영성에 관한 정책학적 논의가 두 가지의 큰 흐름으로 진행되어 왔음을 확인할 수 있었다. 첫 번째로 공영성의 개념 분석적 접근은 정책학에서 논의되는 '공익'에 관한 다양한 개념적 분석과 이해가 이루어지고 있었다. 이러한 흐름은 사회 내에서 '공익'의 주체와 '공익'에 대한 다차원적인 이해를 바탕으로 방송의 '공영성'이 가져가야 할 사회 공익적 책무와 역할에 대한 제도적이고 정책적인 논의이다.

두 번째는 시대 변화적 접근으로, 시대 정치 상황적으로 변화해 온 방송의 공영성에 대해 이해하는 관점이다. 이는 시대적 정치 환경에 따라 방송의 공영성 개념과 관련된 제도적 정책적 적용이 변화되어온 것에 초점을 둔다. 이렇듯 사회 환경에 따라 공영성 개념도 변화되는 것은 정치적 환경, 미디어 기술 혁신과 발전 환경 등 다양한 원인이 존재한다. 본 장은 이 두 가지 관점을 구별하여 파악하고자 한다.

2. '공익'의 개념 분석적 접근

1) 행정과 정책의 공개성, 공익성, 권위성

국가단위 행정의 주체인 국가, 정부, 행정부는 '국민 안녕, 자유, 평등, 정의 등의 공공성 추구'라는 국가 존립의 궁극적 목표를 가지고 있다(박종민, 2015). 공공성(公共性, publicness)은 '사회 일반의 다수와 관계되는 것'으로 공개성, 공익성, 권위성의 세 가지 특징을 갖고 있다. 공개성은 '사회 구성원 누구도 배제됨 없이 접근 가능한 것'을 말한다. 권위성은 공개성과 공익성을 통해 부여받게 되는 것으로 공개적이고, 공익적인 공공성은 권위성을 가지게 된다.

공공성 논의에 있어 합의를 위해 많은 논란이 있었던 개념이 '공익성'인데, 이 정치철학적 개념은 개념 내에 '다수'의 이익에서 '다수' 개념이 추상적이어서 명확하게 정의하는 데 어려움이 있다. 즉, 공익성은 '다수'가 결정되면 사회 일반 다수의 내부적 공정성 유지는 모두 동의하는 바이지만, 다수의 포괄적 범위가 상황적으로 다양할 수 있고, 주관적일 수 있다(유민봉, 2010). 따라서 공공성을 개념화하기 위해서는 공익성 내에 포함된 '사회다수' 개념의 합의가 선행되어야 한다.

공익성 개념 관련의 또 다른 논의점은 실체설과 과정설이다. 공익실현에 있어 공익의 실체를 인정하는 것은 실체설이다. 이러한 공익 실체는 바로 '사회 공동체를 위한 도덕적 절대 가치와 선의 가치 그리고 공동 이익의 절대 가치'이며 이는 실체적으로 존재한다는 관점이다(그림 1-1 참조). 반면 공익은 '다수 이익들의 조정과 타협 과정의 결과로 얻어지는 것이기에 과정이 중요하다는 관점'이 과정설이다(유민봉, 2010). 과정설은 적법한 과정과 절차가 중요하며 이러한 절차적 합리성을 기초한 조정 과정으로 균형 상태에 이르렀을 때 공익이 보장된다고 본다. 사회 윤리학에서 규율 중심적으로 생각하는 규율 의무론자(rule deontologist), 규율 공리주의자의 생각이 실체설이며, 상대주의적이고 과정 중심적인 행위 의무론(act deontologist), 행위 공리주의(act utilitarian)는 과정설적 관점이다.

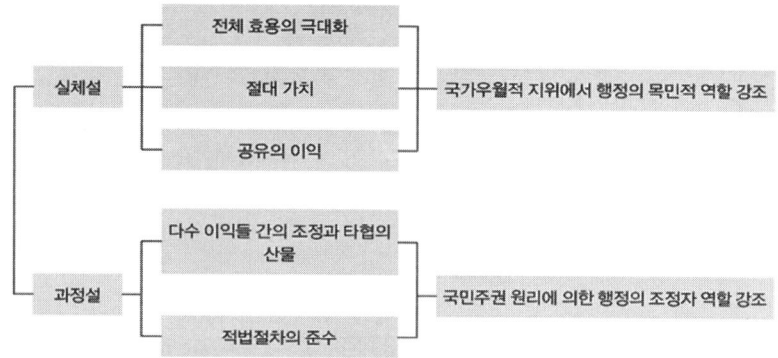

〈그림 1〉 공익의 학설과 행정
출처: 유민봉, 2010, 123쪽

2) '공익' 개념과 방송 '공영성'

공익은 흔히 '일반이익'이라고 이해되며, 여기서 '일반'을 '공(公), public'으로 이해하는 관점과 '공(共), common'으로 이해하는 관점이 가능하다. 첫 번째는 공익을 인정하는 하나의 집합체 구성원으로 성숙한 인민들을 의미하며 여기에는 다분히 엘리트적인 관점이 내재해 있다. 두 번째 의미는 자치공동체의 'commune'과 같은 의미를 가지고 있고, 함께 나누고 참여하는 공동성을 강조한다.

다음으로 '이익'에 관해서는 세 가지 관점이 존재한다. 첫 번째는 '공공선(public good, common good)'의 좋은 의미로 해석한다. 두 번째로 '이익'은 바람직하다는 관점이며 여기에서 이익은 '사회 구성원 개개인이 평등하게 누려야 하는 것'이라는 서구 민주주의와 자유주의 생각이 담겨있다. 마지막으로 이익을 '효용(utility)'으로 보는 관점이며, 행복을 극대화하고 불행을 최소화한다는 가정이다. 이러한 공익을 바라보는 관점을 기준으로 국가주의 공익, 공동체주의 공익, 효용주의 공익, 자유주의 공익의 네 가지로 구분이 가능하다.

<표 1> 공익의 네 가지 유형 (오형일, 윤석민, 2014)

유형	'일반'	'이익'	특징
국가주의 공익	Public	좋은 것 (공공선)	보호주의적 · 엘리트주의적 'Public'과 대의 민주주의 강조
공동체주의 공익	Common	좋은 것 (공동선)	계발주의적 공동체에 대한 헌신 및 시민적 덕성 강조 'Common'과 참여 민주주의 강조
효용주의 공익	Public Common	효용, 행복	최대다수의 최대 행복 · 효용 및 만족 강조 최소 국가에 대한 옹호와 보호주의적 국가 개입의 필요성 결합 보호주의적 공익 강조
자유주의 공익	Public Common	옳은 것, 자유	개인의 자유 및 권리 강조 공정성 및 이성 강조 · 계몽주의적, 계발주의적

국가주의 공익은 집합체 구성원으로 성숙한 인민들(public)이 공공선인 공익(좋은 것)을 인정하는 것으로 엘리트주의적이며 동시에 구성원에 속하는 인민들을 보호하는 보호주의적 성격이 강하다. 공동체주의 공익은 성숙한 인민들(public)이 아닌 일반인(common)의 공동이익을 강조하는 면에서 국가주의 공익보다는 비엘리트적이나, 공동선을 위해 공동체에 대한 일반인의 헌신 및 시민적 덕성을 강조한다.

효용주의 공익은 '일반'에 관해서 특정 관점이 존재하지는 않는다. 다만, 사회구성원 개인의 '효용'을 중시하는 관점이다. 효용은 '최대 다수의 최대 행복'을 가져다 줘야 하며, 이를 위해 국가는 최소로 개입하여 소외된 자들에 대한 보호주의적 차원에서 국가의 개입이 필요하다고 본다.

자유주의 공익은 개인의 자유 및 권리를 강조하는 관점으로 역시 '일반'에 관해서는 특정 관점이 존재하는 않는다. 다만, 개인 자유가 '대의 민주주의 기반의 소극적 자유'라면 일반은 'public'이며, '참여 민주주의를 기반으로 한 적극적 자유'라면 일반은 'common'을 의미한다. 따라서 자유주의에서 공익은 개인의 자유이기 때문에 '옳은 것'이지만 소극적이든 적극적이든 자유의지의 권리이며, 강요되어서는 안 된다는 관점이 중요하다.

한국의 공영방송에서 논의되는 공익의 유형은 어떠한 것인가? 오형일·윤석민(2014)은 전체 사회적으로 공익은 국가주의와 효용주의가 강조되는 현상을 가지고 있다고 말한다. 역사적으로 다분히 빠르게 성장한 개발주도 국가의 특징을 가지고 있기 때문이다. 이러한 상황에서 자유주의와 공동체주의적인 공익을 실현하는 것은 쉽지 않다. 이러한 상황은 방송의 공영성에서도 마찬가지일 것이다.

3) '공익' 개념의 층위적 이해

나폴리(2001)는 공익 개념의 다차원적인 층위를 제시하였다. 먼저 공익을 개념적 층위(the conceptual level), 조작적 층위(the operational level), 적용적 층위(the applicational level)로 나누었다. 개념적 층위는 가장 추상적인 수준에서 공익의 개념을 명확하게 정의하는 영역이다. 이러한 공익의 개념화를 위해 나폴리는 다수주의적 개념화(majoritarian conceptualization), 절차적(procedural) 개념화, 규범적(normative) 개념화를 제시하고 있다. 다수주의적 개념화는 개인 이해의 결합체로 공익을 정의하는데, 다수결이 원하는 이익이 공익이라는 기본 전제이다. 이 개념에서 규제자(regulator)는 공동체의 다수가 원하는 정책을 활성화해주는 역할만을 담당하면 된다(윤상길, 2019). 절차적 개념화는 의사결정이라는 절차적 과정의 공익성을 중시한다. 이 관점은 결과보다는 과정을 중시하며, 이로 인해 공동체의 갈등이 클 경우 정책 결정 과정에서 공익성 추구가 쉽지 않은 문제가 있다. 규범적 개념화는 위 두 개념화와는 달리 실체적 공익의 규범성을 가지고 있다는 관점이다. 실체(substance) 중심적이고, 이러한 실체는 규범적 평가기준들을 전제한다.

조작적 층위는 개념적 수준에서 논의되는 다양한 가치들의 결합을 통해 보다 구체적인 공익의 개념을 조작 가능한 수준의 가치 조합으로 구체화하는 수준이다. 마지막으로 공익의 적용적 층위는 조작적 층위에서 구성된 공익의 가치 조합들이 특정 규제적 원리와 기준으로 발전하여 이러한 기준들이 실제 정책 행위에 적용되는 수준이다(윤상길, 2019).

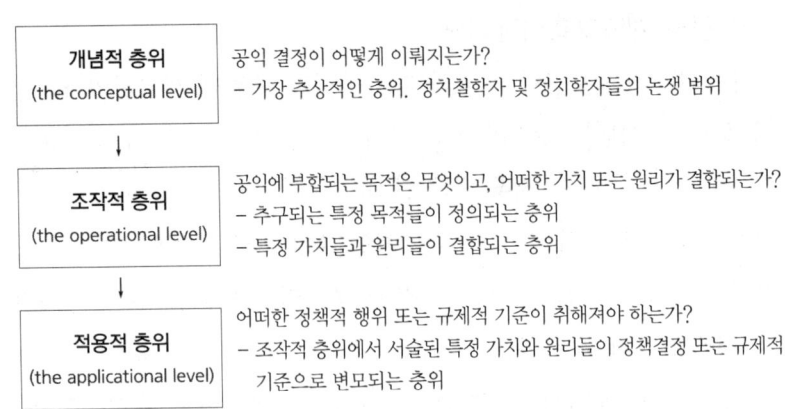

〈그림 2〉 나폴리의 다차원적 공익이념 층위
*출처: Napoli, M. (2001). Foundations of Communication Policy. New Jersy: Hamton Press Inc의 내용을 재구성함

4) '공익'의 개념 분석적 접근과 방송의 공영성

〈표 2〉 공익 개념과 방송의 공영성

방송의 공영성 개념	공익 개념	나폴리(2001)의 공익 개념
공공수탁론	국가주의 공익 자유주의 공익 혼재	개념적 수준: 규범적 개념화
효용주의적 방송 공익론	효용주의 공익	개념적 수준: 다수주의적 개념화
공론장 이론	자유주의 공익 공동체주의 공익	개념적 수준: 절차적 개념화

위 〈표 2〉를 통해 국가의 공익성 추구를 위한 공익 개념과 나폴리(2001)의 공익 개념 그리고 방송의 공영성 개념을 비교해 볼 수 있다. 방송의 공익성 개념은 공공수탁론, 효용주의적 방송 공익론, 공론장 이론 이렇게 세 가지 관점으로 논의가 진행되어 왔다(오형일·윤석민, 2014).

공공수탁론은 방송 전파자원의 희소성이라는 기술제약과 이로 인한 사회적 영향에 기초한 관점이다. 따라서 방송이 사회적으로 독립성, 공정성, 유익성, 공동성, 사회통합, 전통 보존 등의 공익을 위해 역할을 해야 한다. 오형일·윤석민(2014)은 방송 공영성의 공공수탁론은 방송의 도덕적 리더십 강조, 국가 체제의 유지, 발전에 기여하는 관점에서 국가주의 공익의 흐름이지만 공정성, 독립성 등의 강조는 자유주의 공익 관점의 성격도 있다고 말한다.

또한, 공공수탁론은 나폴리가 제시한 다수주의적 개념화, 절차적 개념화, 규범적 개념화 관점에서 보면 규범적 개념화 관점에

가깝다. 방송이 사회적으로 독립성, 공정성, 유익성, 공동성, 사회통합, 전통 보존 등의 공익적 규범성을 실체적으로 가져가야 한다고 보는 것이다. 공공수탁론은 이를 위한 규범적 평가기준들을 구체적으로 제시하기도 한다.

효용주의적 방송 공익론은 다매체 다채널 시대에 시청자 복지론과 보편적 서비스론이 중심이다. 즉 "최대 다수의 최대 행복" 관점에서 다수가 선호하는 서비스를 차별없이 제공하는 것을 강조하며, 품질, 보편적 접근, 편성 보편성, 소수자 보호, 내용다양성이 주요하다(오형일·윤석민, 2014). 이러한 관점은 효용주의 공익 관점이며, 공익은 개인 이해의 결합체이며 다수결이 원하는 이익이 공익이라고 보는 다수주의적 개념과 일치한다(나폴리, 2001). 이러한 관점에서 방송정책은 시청자의 의견을 적극적으로 수렴하며, 관리자 및 규제자는 소극적이고 보호적인 역할을 주로 담당해야 한다.

다음은 공론장 이론이다. 매체 발전과 문화 변화에 따라 하머바스의 공론장에서 규범적 공익모델을 추론해온 것으로 민주주의 성장과 시민성, 개인성을 강조하는 이론이다. 방송이 시민들에게 열린 토론의 장을 제공하여 사회 소통에 기여하며, 초기 이성적 대화의 장 개념을 넘어 최근에는 다양한 규범성 제시로 확장되고 있다(오형일·윤석민, 2014). 공론장 이론은 자유주의 공익과 공동체주의 공익을 모두 내포하고 있는 것으로 합리적 이성, 토론, 참여, 자율, 숙의 등의 강조는 자유주의 공익, 그리고 관점과 관용, 경험의 공유, 시민적 덕성, 공공선 등의 강조는 공동체주의 공익의 성격이 강하다고 볼 수 있다(오형일·윤석민, 2014). 또한 공론장 이론은 결과보다는 과정을 중시하는 절차적 과정의 공익성을 추구한다. 그러나 이 관점은 위에서 언급된 바와 같이 공동체의 갈등이 클 경우 사회 토론과 소통의 장을 제공하여 사회적 공론을 수렴한다는 방송의 공영성 추구가 쉽지 않다는 문제가 있다.

전체적으로 다시 정리하면, 공익의 정책 철학적 개념과 방송의 공익 관련성은 국가주의 공익과 자유주의 공익을 시작점으로 하여(공공수탁론), 효용주의 공익을 넘어(효용주의 방송 공익론), 자유주의가 확장되고, 공동체주의가 강조되는 모습(공론장 이론)으로 진행됨을 알 수 있다(오형일·윤석민, 2014). 이러한 흐름은 역사적으로 최근 국가와 사회의 공익을 바라보는 관점의 변화이며, 이러한 공익에 대한 시대적 관점의 변화와 방송의 공영성은 그 흐름을 같이 했다고 볼 수 있다. 우리나라 방송의 공영성에 대한 관점 역시 크게 다르지 않다. 이 논의는 다음 장에서 살펴보고자 한다.

다만, 방송 공익성의 핵심은 어떠한 관점으로 공익을 개념화하고, 또 어떠한 공익 개념 안에서 미디어와 방송의 공익이 도출되었든 간에, 방송은 방송이 사회 안에서 해야 할 공익적 의무들(시청자 복지, 문화다양성, 정보격차해소, 사회통합, 공론장)을 가져가야 한다는 것이다(김평호, 2008; 윤상길, 2019). 이러한 사회적 동의는 방송의 공영성이 어떠한 공익의 철학적 개념에 기초한 것이며, 어떠한 절차적 규범적 기준들을 가져야 하는가에 대한 논의를 떠나 존재한다.

5) 제도주의와 정책 - 신제도주의의 세 가지 연구경향

공영방송의 제도적 논의를 정영주·홍종윤(2018)은 스콧(Scott)의 신제도주의를 적용하여 설명하고 있다. 이 신제도주의는 인간 행위에 미치는 사회구조인 제도의 중요성을 주장하면서 제도의 정의, 영향력, 역할에 따라 규제로서의 제도(regulative institution), 규범으로서의 제도(normative institution), 문화인지적 요소(cultural-cognitive elements of institution)로서의 제도 등 세 가지 관점으로 이해하고자 한다(Scott, 2014).

첫째, 규제로서의 제도를 강조하는 관점은 합리적 선택 제도주의(rational choice institutionalism)가 대표적인 예이다. 사회구성원들이 자신의 이익을 극대화하기 위해 규정된 규칙들을 준수하기에 사회제도가 작동될 수 있다고 보는 관점이다. 개인의 이익실현을 위해 법과 규칙을 만들고, 제정된 법과 규칙을 따르면 보상이, 그리고 어기면 제재가 가해지게 된다. 여기에서 제도는 법과 규칙과 같이 강제력을 지닌 사회 규제 체계이고, 구성원의 행위를 규정하는 것은 보상과 제재 등과 같은 법과 규칙의 강제력이다. 즉, 제도가 행위를 정한다고 본다. 이 관점에서 제도의 핵심은 사회 구성원들이 동의하는 공식적 규제들의 집합이며, 인간 행위를 정하는 것은 규칙 준수 때의 보상과 규칙 위반 시의 제재라는 인센티브 시스템이며, 따라서 인간 행위의 절차적 상황성과 가변성은 매우 제한적이다.

둘째, 규범으로서의 제도(normative institution)를 강조하는 관점은 제도 내의 개인들이 '나에게 가장 이익인 선택은 무엇인가'보다 '사회적 상황 속에서 내가 수행할 가장 적절한 행위는 무엇인가'를 판단하는, 적절성의 논리(the logic of appropriateness)를 따른다고 본다. 개인이 이러한 적절한 행위를 수행하는 데 있어, 사회의 가치와 규범이 무엇인가를 확인하고 따르며, 이 가치와 규범은 곧 사회 제도의 근간이자 초석이다. 즉, 이러한 실체적 제도의 근원인 가치와 규범이 사회 내 개인 행위의 책임과 의무를 규정하는 기반이며, 이러한 가치와 규범을 따른다는 것은 제도의 절차적 행위

선택에서 자유가 좀 더 보장된다는 것을 의미한다(정영주·홍종윤, 2018). 특히, 신제도주의의 기원인 마치와 올슨(March & Olsen, 1983)의 규범적 제도주의(normative institutionalism)가 대표적이다.

셋째, 제도의 문화인지적 요소(cultural-cognitive elements of institution)적 관점이다. 사회구성주의의 인류학, 사회학적 관점으로 사회구성원의 공유된 가치와 신념으로 바탕으로 한 제도를 중시한다. 사회 내 특정 제도는 구성원들 간의 공유된 신념, 이념에 바탕을 둔 프레임에서 발현된 의미적 결과물이며 당연히 따라야 할 행동 수칙과 같은 것이다. 문화인지적 요소로서 제도를 보는 관점은 실체적 제도보다는 과정적이고 절차적인 제도의 공유를 강조하며, 사회구성원 전체보다는 구성원으로서 개인과 개인들 간의 공유된 제도를 중시한다. 문화인지적 관점이 규범으로서 제도적 관점과 실체적 제도가 아닌 구성원의 공유된 가치와 신념이 작동한다는 것에서는 유사하나 규범이 고정적이라기보다 유동적이며 구성원 개개인의 가변성을 중요시 한다는 점에서 차별화된다.

〈표 3〉 신제도주의적 관점에서 보는 제도의 3가지 요소 (정영주·홍종윤, 2018)

	규제	규범	문화(인식)
작동원리	편의/이익	사회적 의무	당연지사/공유된 이해
질서의 기반	규제적 규칙	강제적 기대	구성적 스키마
메카니즘	강압	규범	모방
논리	결과성(도구성)	적절성(당위성)	정통성
지침	규칙, 법률, 제재	인증/인정	상식, 공유된 행동 논리
정서	유죄/무죄 공포	수치, 불명예/명예, 존경	확신/혼동
합법적 토대	법률적 제재	도덕적 지배	이해, 인식, 문화적 지지

출처: Scott, W. R. (2014). Institutions and organizations: Ideas, interests, and identities. Sage Publications, 60쪽에서 인용. 원 저작권자의 모든 권리가 보호됨.

3. '공익'의 시대 변화적 접근

위 공익의 개념적 논의와는 다르게, 방송이라는 공익 중심의 사회자본을 산업화 과정을 통해 특정 사회가 어떻게 개념적이고 실체적으로 전개시켰는가를 보는 관점도 존재한다. 예를 들면, 개발자본주의론 관점에서 문화적 변수, 사회 규범과 신념체계, 정치사회적 정당성과 산업화 과정을 종합적으로 고려한 방송 공익의 통시적 변화 과정을 이해하고자 하는 것이다. 이러한 역사적 논의를 통해 현재 특정 사회의 방송이 가지는 공익의 개념을 파악하고자 하는 것이다(윤상길, 2019).

역사적으로 초기 라디오방송은 유선통신의 대체 및 확장 기술로 받아들여졌고, 통신의 공익적 특징을 이어받아 라디오방송기술 또한 사회적으로 공익을 담보하는 성격을 가지게 되었다. 흔히 이야기하는 '주파수 희소성의 원칙'에 대한 근거가 되는 부분이다. 미국에서도 초창기 라디오방송이 당대의 지배적 정책논리였던 기술합리성과 공리주의적 가치의 공익성이 반영된 체 산업화된다. 연방라디오위원회(Federal Radio Commission)는 1930년에 '방송국은 공공의 소유로 운영되어야 함'을 명시하였으며, 1934년 미국 커뮤니케이션법(Communication Act)은 통신 산업 규제 원칙을 준용하여 방송국은 '편의'(convenience)와 '필요'(necessity)에 '공익'(public interest)을 더하여 면허가 기준을 정할 것을 규정하였다(강형철, 2011). 더불어 이 시기는 신문의 언론 자유도 소위 '옐로우저널리즘'이라 하는 폭로저널리즘이 사회적으로 범람하여 자성의 목소리가 높아졌고, 이에 따라 언론의 '사회책임주의'가 등장하는 시기이기도 했다.

그러나 방송이 공익성을 담보한다는 전제는 '방송=언론', '언론↔정부', '정부=공익'이라는 흐름 속에 자기모순에 빠지게 된다. 물론 '언론=공익'이라는 논리가 존재하기 때문에 '방송=언론=정부=공익'이라는 논리 역시 가능하다. 다만, 언론이 정부를 견제하면서 사회 공익적 역할을 담당한다는 가정이 있기 때문에, 방송이 언론의 역할을 담당한다면 정부의 견제 역시 중요한데, 정부가 공익을 위해 방송을 통제해야 한다는 논리는 '정부를 견제하는 언론의 역할로서 방송의 의무'와 자가당착에 빠지게 되는 것이다. 가령 강형철(2011)은 2008년 처음 구성된 방송통신심의위원회는 방송법에 의거하여 '방송의 공정성과 공공성 유지를 위한 업무와 공적 책임 준수 여부에 대한 심의'를 하게 되어 있는데(32조), 위원 9명 중 정부여당 측 의원이 다수를 차지(6명은 여당에서, 3명은 야당에서 추천)하고 있기 때문에 만약 정부비판 방송을 심의할 경우 다수의원들이 '불공정'이라는 심의 결정을 할 수 있는 구조임을 지적한다.

결국 이러한 방송의 '공익성'에 대한 이해는 '공익'의 개념적 분석을 토대로 이루어지기도 하지만, 시대적으로 변화해 온 방송의 공영성에 대해 시대 정치 상황적으로 이해하는 관점도 존재한다.

1) 공영방송의 정책 패러다임 변동 모형, 거부점 분석, 경로의존성

사회 내에는 특정 제도가 쉽게 변화되지 않는 '제도의 지속성'이 존재하며, 방송공영성에 대한 제도적 변화 역시 이러한 사회 내 제도의 변화 과정과 지속성 관점으로 이해해야 한다(허찬행, 2019). 그러나 제도의 지속성도 정책학에서 흔히 이야기하는 문제의 흐름(problem stream), 정치적 흐름(political stream), 정책의 흐름(policy stream) 등 세 가지 흐름이 하나의 시점에서 만나게 되면 변화가 이루어질 수 있다. 여기서 문제의 흐름은 다양한 사회 환경에서 비롯되며, 언론이 이러한 문제 흐름의 주요한 창구이다. 정치 흐름은 입법을 추진하는 정당 및 국회에서, 정책의 흐름은 정책을 진행하는 행정부에서 이루어진다. 예를 들면, 방송의 공영성을 바라보는 관점 변화와 그에 따른 제도 변화 역시 이러한 세가지 흐름이 일치될 경우 시대적으로 이전과 전혀 다른 제도적 변화도 가능해진다(허찬행, 2019). 허찬행(2019)은 이러한 과정을 정책 패러다임 변동 모형, 거부점 분석, 경로의존성으로 설명한다.

정책 패러다임 변동 모형에서 패러다임 변동의 흐름은 경제학에서 과거 케인즈의 정부의 시장 주도 정책에서 탈규제의 신자유주의 경제정책이 도입되는 과정은 반세기 이상 소요될 정도의 큰 변동주기가 있었듯이, 방송의 공익성 관점의 정부주도적인 〈커뮤니케이션법(Communication Act)〉이 1934년 미국에서 제정된 이후 1996년 커뮤니케이션 산업 육성을 위한 탈규제적 〈텔레커뮤니케이션법(Telecommunication Act)〉이 제정되기까지 60년이라는 시간이 걸렸다. 이처럼 정책 패러다임 변동은 장기적 파동과 같이 진행된다는 것이다.

또한 이러한 정책 패러다임 변동의 장기성에 영향을 미치는 특징은 거부점(veto point)이다. 즉, 거부점이 많을수록 제도변화는 점진적인 형태를 띤다는 논리가 전제거부권 행사자 이론이다. 합법적인 거부권행사를 할 수 있는 구성원이 증가하고, 입장 차이가 많을수록 거부점이 증가하여 정책 채택이 어려워진다. 특히 정치적 구조가 새로운 입법이 어려운 대통령제의 다수당제 같은 경우에는 더욱 거부점이 많다.

경로의존성은 '특정 시점에서 제도 형성에 영향을 미쳤던 요인들이 시간 경과와 함께 환경적 조건이 변화해도 과거 결정이 현재 또는 미래의 정책 결정을 제약한다'는 것이다(허찬행, 2019). 경로의존성이 설정되면 사회, 정치, 제도적 환경 변화가 있어도 정책 결정은 기존 경로에 의존되어 지속성을 가져간다는 것이다. 이러한 것은 변화에 민감하고 기존 패턴을 답습하려는 관성으로 인한 것이다. 방송의 공영성 역시 정치 관점에 따라 주관적으로 판단될 수 있는 여지가 높아 정치적 판단에 의해 결정되고 이러한 결정은 때로는 많은 부분이 경로의존적일 수 있다는 것이다(허찬행, 2019).

정책 패러다임 변동 모형, 거부점 분석, 경로의존성에 관한 설명은 제도적 환경 변화에도 기존 제도나 정책이 유지되려는 속성이 강하며, 변화되더라도 조금씩 점진적으로 진행된다는 점을 강조한다. 이는 미디어 및 방송 환경의 변화와 '공익'과 공영성에 대한 시대적 변화 양상을 설명하는 또 하나의 관점으로 이해될 수 있다.

2) 공영방송 운영의 세 가지 모형 : 고전적 행정모형, 신공공 관리 모형, 연결망 지배구조 모형

공영방송은 사회적 공익을 지향하고 방송의 공영성을 추구한다. 그러나 국가에서 사회적 공익의 핵심 주체는 국가정부이며 따라서, 공영성을 추구하는 공영방송은 국가 공익을 위해 통치하는 정부 그리고 일정 기간 국민으로부터 위임받아 정부를 통치하는 특정 정당의 정치 과정과 끊임없이 관계를 영위해 나가야 한다. 이준웅(2017)은 공영방송 운영의 세 가지 모형(고전적 행정 모형에 따른 지배구조 모형, 신공공관리론에 따른 지배구조 모형, 연결망 지배구조 모형)을 제시하였다. 이 모형들은 공영방송 지배구조의 원리를 반영하기도 한다. 더불어 이 관점은 공익의 개념적 이해와 함께 시대 변화적인 관점에서 공영방송의 운영 모형을 살펴보았다고 볼 수 있다. 시기적으로 행정모형은 고전적 행정모형이 가장 먼저 대두되었고, 이후 기업의 행정모형과 시스템이 정부모형에 적용되는 신공공관리모형이 등장하였으며, 이후 모든 사회단체와 공적 기구 간에 자발적 상호작용으로 운영되는 연결망 지배구조 모형이 등장하였다. 이러한 흐름은 비단 공영방송의 정책적 운영에만 국한된 것이 아니며 전체 사회 정책시스템의 변화에 대한 행정학적이고 정책학적인 논의이기도 하다.

고전적 행정모형(Classical Weberian Bureaucracy)은 권력의 수탁자가 위임받은 권위를 행사하는 과정이며, 국가의 법적 지배 대상이자 주권자인 국민과 관료제 국가에서 관료인 행정부와의 사이에서 관계적 역할을 담당하는 것이다. 이 모형에서는 권한의 위임과 위계관계는 국민에게 권한을 위임받은 입법부에서 행정기구로, 행정기구에서 다시 국민 간의 순환 관계이다. 이 과정에서 행정부는 주요 사업자의 특수 이익을 통제하고, 공적인 의무를 안정적으로 진행하며, 이러한 과정은 윤리적이며 권위적인 임무 수행이 가능하다는 강점이 있다(이준웅, 2017).

신공공관리(New Public Management) 모형은 세금 지불 방식으로 비용을 지불하는 시민-소비자에게 행정부처가 경쟁력있는 공공서비스를 제공하지 못하면 의무 불이행을 하는 것이라는 가정에서부터 시작된다. 따라서 공공서비스를 제공하는 행정부 역시 대안적 행정서비스를 제공하는 정치세력이 존재하기 때문에 특수한 지위를 인정받지 못한다. 기업의 경영방식을 공공영역에 적용하는 이 모형은 효율성, 경쟁력, 적응성의 가치가 중요하며, 과정적으로 투자대비 효율성, 경쟁과 시장 활성화를 강조한다. 이러한 모형은 공공서비스 영역의 방만한 운영에 제동을 거는 개혁적 방법론으로 작동하기도 한다. 80년대 중반 신자유주의 경제 질서의 흐름속에서 민영화, 시장화, 탈규제을 통한 작은 정부를 지향한 논리를 통해 도입된 모형이다(이준웅, 2017).

연결망 지배구조(Network Governance)는 시민과 공적 기구의 관계를 자발적으로 상호작용하는 사회정치 행위의 동반자로 규정한다. 공공서비스 주체와 대상자는 거래적 관계라기 보다는 정치적 관계라는 것이다. 행정부가 공적서비스의 책임있는 주체도 아니고, 경쟁력있는 행정서비스를 제공해야 하는 주체도 아니며, 시민과 공적 기구 간에 갈등 조정 과정을 통해 사회커뮤니티를 공동 운영하는 상호주체라는 것이다. 연결망 지배구조 모형에서는 사회구성원들은 어느 특정 역할만을 담당하지 않으며, 국가와 시민, 공적과 사적인 다양한 사회적 역할들 속에서 혼재된 행위를 수행하게 된다(이준웅, 2017).

이준웅(2017)은 이 세 가지 행정관리 모형의 보편적 우위를 존재할 수 없으며, 따라서 사회 환경적 맥락 속에서 특정 모형의 지배적 적용보다는 상호보완적 이해가 필요하다고 본다. 그러나 연결망 지배구조 모형은 위 두 가지 모형의 비판을 통해 등장한 대안적 모형이며, 특히 공영방송의 운영에 있어 이 모형의 적용은 적절하다고 보았다. 즉, 공영방송의 운영자는 정치적 권력기구도 아니고 공공서비스 제공자 역할만을 담당하는 것도 아니며, 다원적인 이해당사자들 간에 정당한 역할을 담당해야 하는 정치적 과정자이다. 따라서 이준웅(2017)은 공영방송의 운영은 연결망 지배구조 모형으로 보는 것이 바람직하다고 보았다.

<표 4> 세 가지 행정 모형의 공영방송에 대한 적용 (이준웅, 2017)

	고전적 행정모형 (Classical Weberian Bureaucracy)	신공공관리 (New Public Management)	연결망 지배구조 (Network Governance)
규제대상 규제자 간 관계	법적 지배의 대상이자 주권자인 국민과 능력 있는 관료제 국가의 관료	소비자-시민(이익추구적 행위자)과 공적 역무 제공자의 거래 관계(이해관계 철저한 배제)	자발적으로 상호작용하는 공적·사적 행위자의 동반적 관계(partner ship)와 공동투자 관계(joint venture), 즉 공동의 이해 관계
규제 권위의 원천	선출되거나 선발된 지도자로 구성된 위계적 관료제도	공공부문 행위자의 특수성 부정; 경쟁적 사적기업에서 도출된 가치, 개념, 경험에 기초한 관리	위계적 권위를 행사하는 지배자나 거래상대가 아닌 조정자 및 활성자 역할 수행
규제의 방식	입법부와 행정부의 핵심적 역할; 원칙-방법-행위 규범과 행정 윤리에 따른 권위 행사	정당성에 근거한 서비스 제공; 명령에 의한 관리가 아닌 계약, 결과, 경쟁에 의한 관리	시민적 지지와 자원 동원을 위한 '정치적 과정'을 중시; 이해 관계자 간 협상과 조정
규제 체계의 특성	(가) 국민-선출 정치인, (나) 입법부-공적 기구, (다) 공적 기구 내, (라) 공적기구.시민 간 순환적 위계관계	소비자로서 시민, 정치적 관계가 아닌 상업적 관계; 탈규제, 상업화 경향 초래	(가) 국가-시민사회, (나) 공적-사적 영역, (다) 정치-행정, (라) 전문가-일반인 간 구분모호
주요 도구적 가치들	안정성(reliability &consistency), 예측가능성(predictability) 특수 이익 차단(insulation from special interests)	효율성(efficiency), 적응성(adaptability), 소비자요구(customers'demand), 경쟁적 선택(competitive selection)	참여(participation), 조정(coordination), 협상(bargaining), 숙의(deliberation)
핵심 이론	공공재 이론 (theories of public goods)	공공선택 이론 (public choice theories)	공적가치론 (public value theories)
대표 이론가	Weber(1978)	Dunleavy & Hood(1994); Hood(1991)	Kickert & Stillman(1999); Peters(1996) Moors(1995)

5. 공영방송의 재원 모형: 위즈(Weeds, 2016)의 공영방송의 목표-서비스-재원 상호관계 모형

공영방송을 바라보는 중요한 관점은 조직의 목적인 공익성을 어떻게 구현하는가이며, 이러한 공익성 추구를 방향을 명확하게 바로잡는 것이 곧, 공영방송이라는 조직의 정체성을 정확하게 이해하는 것이기도 하다. 이와 관련하여, 위즈(Weeds, 2016)는 공영방송의 목표, 서비스, 재원의 상호관계모형을 제시하고 있다. 즉, 구체적으로 위즈는 공영방송의 책무(mission)·목표(purpose)·가치(value), 공공서비스의 규모(scale)와 범위(scope), 공영방송의 재정방안 모델(model)의 세 차원 간 관계를 바탕으로 공영방송의 재원시스템을 둘러싼 다양한 환경적인 제반 사항들을 설명하고자 하였다(정정주, 2019).

먼저 책무(mission)·목표(purpose)·가치(value)적 관점에서 위즈(Weeds, 2016)는 공영방송이 수행해야 할 책무(mission)와 이를 구체화한 목표(purposes), 그리고 목표를 통해 실현해야 할 사회적 가치(value)를 명확하게 하는 게 중요하다고 말한다. 이러한 공영방송의 책무, 목표, 가치 구현에 대한 심도있는 고민과 논의를 바탕으로 공영방송이 사회를 위해 '누구를 대상으로, 어떤 형태의 서비스를, 누가, 어떤 규모로 제공해야 하는지' 명확하게 이해하는 것이 중요하며 이러한 철저한 목표 이해를 통해 이에 부합한 바람직한 재원 모형이 도출될 수 있다고 본다.

이 관점은 위에서 논의된 공익의 개념 실체적이고 목표 중심적이며, 목표에 부합하는 책무 중심적인 사고와 연관이 있다. 즉, 공익은 실체적이 것이고, 사회의 공동체 목표와 가치를 위해 구성원의 책무와도 같은 것이며, 이러한 실체적인 공익은 공동체 구성원이 지켜야할 공동 가치적인 것이라는 생각이다. 이는 효용주의 공익 관점이라기보다는 자유주의, 국가주의, 공동체주의적인 공익 관점에서 중시하는 개념이다(정정주, 2019).

삼위일체식 관점으로 책무·목표·가치와 못지않게 중요한 논의는 공공서비스의 규모(scale)와 범위(scope)에 관한 것이다. 이러한 논의는 공영방송을 매개로 시청자에게 제공되는 방송서비스의 보편성 문제와 이를 확보하기 위한 근거와 방법을 포괄한다. 이는 '공익'에서 이야기하는 다수의 범위와 관련된다. 즉 과연 모든 국민에게 방송이 전달되는 공적서비스가 필요한지, 이러한 서비스 제공을 어떤 주체가 해야 한다면, 단일주체가 해야 하는지, 이러한 공적서비스 제공 과정에서 재원의 조달은 어떠한 방법이 적절한지에 대한 논의가 보다 구체적인 이 영역의 논의점이다.

세 번째는 구체적으로 공익을 위한 공영방송의 공공서비스적 책무·목표·가치와 규모와 범위가 도출되었다면, 이를 위한 바람직한 공영방송의 재정방안 모델은 무엇인가에 관한 관점과 논의이다. 이는 보다 구체적으로 공영방송의 공익 실현을 위한 방법론적이고 과정적인 논의이며, 위에서 언급된 '공익'의 효용, 과정, 적응 중심적인 관점이라고 볼 수 있다(정정주, 2019).

6. 방송의 공영성 논의에 담긴 공익의 다층적 개념

공익성 개인성		실체중심 ←		→ 절차중심
개인중심 ↑↓ 전체중심	공익과 방송 공영성 (오형일·윤석민, 2014)	자유주의 공익 (개인 > 전체, 실체적)		
				효용주의 공익 (개인 = 전체, 절차적)
		국가주의 공익 (엘리트적) 공동체주의 공익 (서민적) (전체 > 개인, 실체적)		
		공공수탁론	공론장이론	효용주의적 방송 공익론
	공익의 층위적 관점 (Napoli, 2001)	개념 층위	조작 층위	적응 층위
		다수주의 개념화 (개인 > 전체)		'공익'에 대한 세 가지 층위 중 가장 절차적 층위
		절차적 개념화 (개인 = 전체)		
		규범적 개념화 (전체 > 개인)		
	신제도 주의 (Scott, 2014)			문화로서 제도 (개인 > 전체, 절차적)
		규제로서 제도 (전체 > 개인, 실체적)		규범으로서 제도 (전체 > 개인, 절차적)
	행정모형 (이준웅, 2017)	신공공관리 (개인 > 전체, 실체적)		연결망 지배구조 (개인 > 전체, 절차적)
		고전적 행정모형 (전체 > 개인, 실체적)		

⟨그림 3⟩ 방송의 공영성 논의에 담긴 공익의 다층적 개념

저자는 〈그림 3〉을 통해 이제까지 살펴본 공공성, 공익성의 개념의 다양한 논의와 방송의 공영성 논의에 담긴 공익의 다층적 개념을 제시하고자 한다. '공익'이라는 개념은 본 글의 초반에 논의된 바와 같이 공공성을 구성하는 공익성, 공개성, 권위성 가운데 하나의 개념이며, 사회 다수의 이익이 공익이라고 한다면, '사회 다수'에서 다수의 범위에 관한 논란이 있을 수 있는 개념이다. 더불어 이전 학자들이 논의한 공익 개념들은 두 가지의 차원(실체중심↔절차중심, 개인중심↔전체중심)으로 이해가능하다. 먼저 오형일·윤석민(2014)이 제시한 자유주의, 국가주의, 공동체주의, 효용주의 공익의 개념을 보면, 공익의 효용성을 중요시하는 개념은 실체보다는 절차로 공익을 이해하는 것이며, 자유주의는 공익의 개인성을, 국가주의는 엘리트적 공익을, 공동체주의는 서민적 공익을 강조하지만 이 세 공익 개념은 분명히 공익의 절차성보다는 실체성을 인정하는 관점이다. 또한 공영성 이론들인 세 가지 이론들을 공익의 실체성 관점에서 보면 공공수탁론 〉 공론장이론 〉 효용주의적 방송공익론으로 정리할 수 있다. 다음 나폴리(2001)의 층위적 공익 개념을 살펴보면, 개념에서 조작 그리고 적응 층위로 내려올수록 공익의 실체보다는 절차적 논의에 가깝다고 볼 수 있다. 더불어 개념 층위 안에 다수주의, 절차적, 규범적 개념화를 제시하는 바, 다수주의 개념화는 개인 〉 전체, 절차적 개념화 개인 = 전체, 규범적 개념화는 전체 〉 개인으로 설명 가능하다. 신제도주의(Scott,2014)는 문화로서, 규제로서, 규범으로서 제도를 바라보는 관점을 제시하였다. 역시 규제로서 제도는 실체적인 규제를 중시하며, 공익 개념에 있어 개인중심이기보다는 전체중심적 관점이다. 반면 규범으로서, 문화로서 제도는 제도의 규제적이고 실체적인 측면보다는 절차적이고 과정적인 제도운영 중심적이며, 이에 따라 제도운영의 유연성을 인정하는 관점이다. 다만, 규범으로서 제도보다는 문화로서 제도가 공익의 개인 중심적 제도운영이 더 보장되는 관점으로 이해 가능하다. 마지막으로 이준웅(2017)이 제시한 세 가지 행정모형을 공익을 바라보는 관점에서 정리해보면 고전적 행정모형 (전체 〉 개인, 실체적), 신공공관리 (개인 〉 전체, 실체적), 연결망 지배구조 (개인 〉 전체, 절차적) 로 특징화해서 설명가능하다.

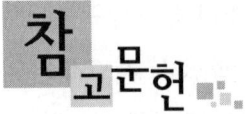

참고문헌

강형철 (2011). 방송 공익 개념과 공영방송의 수용. 『방송문화연구』 23권 1호, 7–40.

강형철 (2014). 융합미디어 시대 보편적 서비스와 공영방송. 『한국언론정보학보』 67호, 35–61.

강형철 (2018). 한국사회 공영방송의 존립 의의와 과제. 『언론정보연구』 55권 1호, 5–55.

고주현 (2015). EU 미디어 다양성 정책. 『문화와 정치』 2권 2호, 81–99.

김평호 (2006). 뉴미디어-정보화 정책과 개발주의 패러다임의 문제. 『한국언론정보학보』 36호, 231–253.

김평호 (2008). 미디어 환경개념의 정책적 함의. 『한국언론정보학보』 43호, 152–172.

박종구 (2011). 뉴미디어 채택에 관한 통합모델 IAM-NM (Integrative Adoption Model of New Media). 『한국언론학보』 55권 5호, 448–479.

박종민 (2015). 정부행정의 현대적 개념과 의미. 『정책PR론』 (박종민 외), 3–8, 서울: 커뮤니케이션북스.

심영섭·허찬행 (2015). 미디어 제도의 신제도주의적 접근을 위한 탐색적 연구. 『한국언론정보학보』 69호, 170–194.

오형일·윤석민 (2014). 한국 공영방송이 추구하는 공익 이념과 실제. 『방송통신연구』 87호, 107–146.

유민봉 (2010). 『한국행정학』, 서울: 박영사.

윤상길 (2019). 한국 방송정책 가치규범의 '과거와 미래 사이' 가치규범의 작동양식에 대한 시론(試論)적인 역사적 접근. 『한국언론학보』 63권 1호,

253-285.

이상기 (2009). 분석적 마르크시즘의 공과: '마르크수주의 경제학'과 '신고전파 경제학'의 방법론 논쟁을 통한 미디어/커뮤니케이션 정치경제학의 방향 찾기. 『한국언론정보학보』 45호, 7-48.

이준웅 (2017). 공영방송 정체성 확립을 위한 지배구조 개선방안. 『방송문화연구』 29권 1호, 73-120.

이춘구 (2014). 공영방송의 정치적 독립성에 관한 법적 연구. 『언론과 법』 13권 2호, 217-265.

정영주·홍종윤 (2018). 공영방송 제도의 위기와 재정립. 『언론정보연구』 55권 1호, 230-291.

정정주 (2019). 공영방송 재원구조의 단계적 제도개선 방안에 관한 연구. 『언론과학연구』 19권 1호, 146-179.

조항제 (2014). 한국방송에서의 BBC 모델. 『언론정보연구』 51권 1호, 5-38.

최우정 (2018). 방송의 자유와 방송통신위원회의 기능과 역할에 관한 검토. 『언론과 법』 17권 2호, 69-97.

허찬행 (2019). 공영방송 제도화 과정의 재탐색 : 법제화 과정을 중심으로. 『한국언론정보학보』 95호, 194-217.

Napoli, M. (2001). *Foundations of Communication Policy*. New Jersy: Hamton Press Inc

Scott, W. R. (2014). *Institutions and organizations: Ideas, interests, and identities*.Sage Publications.

『산업적 지속가능성을 위한
방송영상산업의 재구조화』

2장
미디어 경제학적 접근

이종관
법무법인 세종 전문위원

미디어 경제학적 접근

이종관
(법무법인 세종 전문위원)

1. 미디어 산업의 개념과 구성 요소

　미디어(media)는 일반적으로 '메시지를 담아서 수용자들에게 보내는 용기(容器: message-vehicle)'로 정의된다(차배근 외, 1993). 즉, 미디어는 인간 또는 집단 간의 커뮤니케이션을 매개하는 수단이며, 매개가 가장 핵심적인 기능적 요소가 된다. 사회경제적 관점에서 보면 미디어는 내용(메시지)을 전달하는 수단에 사회적 생산을 위한 사회적 커뮤니케이션 기능을 수행하는 생산양식으로 정의된다(Hartman, 2006). 결국 미디어는 인간의 커뮤니케이션 활동을 매개하거나, 사회적 생산을 위한 사회적 커뮤니케이션의 생산양식을 의미하는 것이다.
　한편, 미디어 산업은 일반적으로 신문, 방송 등 대중을 상대로 하는 매스미디어산업을 지칭한다.[1] 전통적인 개념으로서의 미디어 산업(전통 미디어)은 방송 영역과 매스미디어 성격을 지닌 인쇄, 출판 영역인 신문을 의미해 왔으나, 디지털 기술의 발전에 따라 기존의 방송, 신문 등의 전통 매스미디어 영역에서 통신 영역에까지 미디어의 개념이 확대되었다.[2]

1990년 중반 이후 전통적 일대일 커뮤니케이션을 담당하는 통신 분야에서 인터넷을 통해 방송, 통신, 인쇄·출판 영역을 아우르는 서비스를 제공하기 시작하였고, 방송통신 융합이 진행되면서 통신 기업들도 대중을 상대로 하는 매스미디어 성격의 서비스를 제공하면서 미디어산업에 속하게 되었다. 나아가 디지털 콘텐츠와 신규미디어가 등장하면서 하나의 콘텐츠를 다수 미디어에 적용할 가능성이 열리고(예를 들어 OSMU 등), 이에 따라 콘텐츠 생산에서 배포까지 아우르는 전통적 수직계열화 체계(수직적 사일로 체계)가 해체되면서 콘텐츠 생산 부문도 하나의 미디어산업으로 자리잡게 되었다. 통칭하면 미디어 산업은 기술적 가능성을 바탕으로 법적 규율을 받으면서 방송, 통신, 인쇄·출판, 인터넷 영역을 포괄하는 부문에서 서비스를 제공하는 생산 활동이 이루어지는 산업이라고 볼 수 있다.

미디어 산업은 다수의 산업 또는 시장이 계층적으로 구성되며,

---

1) 산업의 사전적 정의가 인간의 경제활동을 영위하기 위하여 재화나 용역을 생산하는 활동이고, 생산하는 경제활동 조직이라고 볼 때, 미디어 산업은 결국 인간이나 사회적 커뮤니케이션을 매개하는 수단을 생산하고 제공하는 경제활동 또는 조직이라고 정의할 수 있다.

2) Materials that hold data in any form or that allow data to pass through them, including paper, transparencies, multipart forms, hard, floppy and optical disks, magnetic tape, wire, cable and fiber. Any form of information, including music and movies. May also refer to CDs, DVDs, videotapes and other prerecorded material(Hoskins et al, 2004).

각 시장 간 연계를 통해 최종적인 상품 또는 서비스가 제공된다. 미디어 산업의 일반적인 구조는 상류시장(upstream market)과 하류시장(down stream market)의 수직적 시장구조를 가지며, 동시에 콘텐츠, 플랫폼, 네트워크, 단말의 연계 구조를 통해 상품 또는 서비스가 생산, 분배, 소비된다. 이와 같은 시장구조를 전제로 널리 인식되고 있는 미디어 산업의 가치사슬은 C-P-N-D의 형태로 구성된다.[3] 미디어 산업이 갖는 본질적 특징은 계층화와 연계화라는 점이다. 미디어 산업은 생산-분배-소비가 각각의 계층별로 구분되어 경제활동이 이루어지지만, 미디어가 본연의 상품 또는 서비스로 이용자에게 구현되기 위해서는 각 계층이 상호 유기적으로 연계되어야 한다. 우선 생산자는 콘텐츠를 제작하는 자로 외주제작사, 방송사, CP(content provider), PP(program provider), 나아가 일반 개인 또는 이용자(Prosumer)가 이에 해당한다. 생산자가 제작한 콘텐츠를 이용자에게 매개하고 유통시키는 분배자는 콘텐츠 유통 시장으로 콘텐츠를 집적(aggregate)하고 가입자를 모집하는 플랫폼이 해당된다. 인터넷 포털, 유료방송 플랫폼 사업자(케이블TV SO, IPTV, 위성방송 등) 등이 있으며, 최근에는 OTT(over the top) 사업자가 핵심적인 인터넷 기반의 콘텐츠 유통 플랫폼으로 그 위상이 강화되고 있다. 끝으로 전달자는 플랫폼에서 집적된 콘텐츠 또는 개별 콘텐츠를 이용자에게 전달(delivery)하는 자로 네트워크 사업자 및 ISP(internet service provider)가 해당된다. 과거 초기의 국내 유료방송 시장의 경우

---

[3] 최근에는 프로슈머(Prosumer), 즉, 1인방송이나 MCN과 같이 이용자가 소비자이자 생산자로 가치사슬에 참여하게 되면서 C-P-N-D에서 C-P-N-D-U(user)로의 가치사슬 확장이 이루어지고 있다.

NO(network operator)가 있으며,[4] 전송망 사업자, 방송사업자(플랫폼+네트워크)가 이에 해당한다. 끝으로 소비자라고 볼 수 있는 미디어 이용자가 있으며, 세부적으로는 접근하는 관점에 따라 소비자, 이용자, 시청자, 수용자로 구분되기도 한다.

이와 같이 미디어 산업은 그 구조적 특성상 상류시장의 생산물이 하류시장의 필수 투입요소이기 때문에 수직계열화의 유인이 발생한다. 동시에 상류시장 입장에서는 하류시장이 필수적 유통 및 판매창구 역할을 하는 쌍방 의존적 특성에 따라 다양한 유형의 연계 또는 거래구조가 나타난다. 그렇기 때문에 한편으로 미디어 산업은 구조적인 불공정 경쟁 문제가 내포되어 있기도 하다.

2. 미디어 산업의 특징

특징 1: 장치산업과 규모의 경제

미디어 산업의 첫 번째 특징은 장치산업이라는 점이다. 미디어 산업 중 전송·네트워크부문은 고정자산이 총자산의 85~90%, 감가상각비가 총비용의 25~40%를 차지하는 장치산업이다. 예컨대 지상파 방송 및 유료방송사업자의 경우 기간통신서비스 사업자와 마찬가지로 대규모 전송설비와 네트워크가 필요하므로, 장치산업의 특성을 갖는다. 방송미디어 서비스를 제공하기 위해서는 네트워크와 서버, 헤드앤드(Head End) 등 전기통신회선설비가 필요

---

[4] 과거 국내 케이블TV 시장의 3분할 체제(SO, NO, RO)에서는 플랫포밍(물리적), 전송, 중계로 구분되어 있었으나, 현재의 케이블TV 시장은 SO와 RO 체제로 운영되고 있다.

하며 이를 설치하기 위해서는 거액의 자본이 필요하다.[5] 동시에 유료방송의 경우 지역 단위로 구분되어 서비스를 제공하게 되는데, 적어도 소위 '국영방송'이 방송 제도적 차원에서 그 정당성이 제한될 수 있으므로, 민간영역에서의 유료방송(유선 기반)이 운영되기 위해서는 대규모 전국망을 설치하는 것이 제한될 수밖에 없고, 이로 인해 지역기반의 유료방송이 태동 또는 도입되는 배경으로도 작용한다.[6] 장치산업의 특징에 따라 고정비용이 총비용의 대부분을 차지하기 때문에 서비스에 대한 수요가 증가하면 할수록 평균비용이 감소하는 이른바 규모의 경제(economies of scale)가 작용한다. 이는 서비스 요금이 평균비용에 일정액의 마진(mark-up)을 더한 수준으로 결정될 경우 평균비용이 낮으면 낮을수록 사업자는 상대적으로 많은 이윤을 확보할 수 있다는 의미가 된다. 따라서 타 사업자와의 적정이윤을 유지하면서 가격 경쟁력을 제고할 수 있으며, 사업자가 규모의 경제를 충분히 활용하기 위해서는 적정 규모 이상의 수요를 확보하여야 한다. 이와 같은 상황 하에서 다수의 사업자가 무분별하게 시장에 진입하게 되면 네트워크 설비의 중복투자로 인하여 산업전반에 걸쳐 규모의 경제가 충분히 활용되지 못하게 되는 양상도 발생할 수 있다. 예컨대 지역독점 사업자인 케이블TV SO의 권역을 광역화하거나 경쟁권역으로 전환하는 경우 과잉투자(overbuild) 이슈가 나타날 수 있다는 지적이다. 따라서

---

5) 막대한 투자비용으로 인하여 사업자가 자체적으로 자본조달을 하기가 어렵기 때문에 정보통신 서비스의 경우 대부분의 국가에서는 사업을 위한 초기자본이 국가에 의해 형성되어 국영 또는 공사의 형태로 독점되어 왔다. 방송의 경우에도 일부는 공영방송 등의 형태로 공적인 소유관계를 가지나, 이는 장치산업적 특성보다는 방송의 공공성과 독립성, 공정성을 보장하기 위한 제도적 장치로 이해된다.

6) 지역성 제고라는 공적 제도와 더불어 대규모 설비투자 부담의 경감이라는 경제적 측면이 지역 프랜차이즈 시장 형태의 근거가 된다.

신규사업자의 진입, 또는 사업권 부여는 정책당국의 규제대상[7]이 되어 왔으며, 산업조직론의 관점에서는 규모의 경제로 발생하는 자연독점(natural monopoly)성이 나타나는 것이다.

미디어 산업(플랫폼·네트워크 부문)은 장치산업이면서 투자의 불가역성(irrevesal investment)이 존재한다. 즉, 미디어 산업의 전송설비 또는 네트워크에 이미 투자된 자산은 서비스를 제공하기 위해 특화되었기 때문에, 추후에 이를 매각하여 투자비용을 회수하거나 타 시장 또는 타 용도로 전용하는 것이 어렵다(예: 지상파 무선국, 전송설비 등). 전자를 자산의 시장부속성(market speficity)이라 하고, 후자를 매몰비용(sunk cost)이라 하는데, 자산의 시장부속성이 강하기 때문에 설비의 용도가 협소하게 특정되어 있으며, 매몰비용으로 인해 투자 수익률에 대한 프리미엄이 요구되는 특징이 있다. 이와 같은 특성은 비단 제도적 진입장벽이 아니더라도 미디어 산업에 대한 진입·퇴출장벽(entry-exit barrier)으로 작용하게 된다. 예를 들어, 시장의 수익성이 불투명함에도 불구하고 초기에 막대한 비용을 투자하게 되면 이를 회수하는 데 있어 불확실성이 현저하여 진입이 어려우며, 설령 시장에 진입하였다고 하더라도 동일한 논리로 자유로이 퇴출하는 것이 어렵게 되는 것이다.[8]

---

7) 이로 인해 방송사업의 경우 대부분 허가제도를 기반으로 운영되고 있다. 특히 방송사업 허가의 법적 성격이 금지행위의 해제가 아니라 방송사업을 운영하는 권리를 정부가 설정, 즉, 특허적 성격의 허가가 된다. 이는 결국 방송시장이 통제된 경쟁시장이며 신규 사업자의 진입 방식은 이에 따라 최고 후보자 선정방식(beauty contest)으로 운영되는 배경이 된다.

8) 만약 미래의 1단위 자본가치를 $E_t[\dot{q}(t)] = rq(t) - \pi(K(t))$로 표현하면(단, 단, r은 이자율, q(t)는 t시점에서 자본 1단위의 가치, $\pi(\cdot)$는 t시점의 이윤함수), 이는 결국 미래 자본 1단위의 가치가 결국 t시점(현시점)의 자본조달 비용(rq(t))과 t시점(현재)의 이윤함수($\pi(K(t))$에 따라 결정된다는 것이다. 따라서 이윤함수에 불확실성이 존재하여 확률적으로 미래의 이윤이 결정된다고 하면 시장에 대한 투자의 규모는 투자 유인이 있다고 해도 정확히 rq(t) = $\pi(K(t))$가 되는 순간까지 증가하지 않게 된다(과소투자). 결론적으로 이 경우 불확실성의 정도가 커질수록 증가되는 투자(capital stock)의 규모도 작아지는 상황이 발생하게 되는 것이다. 최근 국내 방

장치산업과 규모의 경제가 존재하는 특징 때문에 미디어 산업은 사업자 간 M&A가 활발히 이루어지는데, 미디어 사업자는 수평결합을 통해 규모의 경제를 실현함으로써 자신의 이윤을 증진할 수 있으며 타 사업자와의 가격경쟁력을 제고할 수 있게 된다. 특히 방대한 매몰비용으로 진입이 어려운 신규기업은 기존기업과, 반대로 퇴출이 용이하지 않은 기업은 기존사업자와의 수평결합을 통해 진입·퇴출장벽을 우회할 수 있다(진입경로 및 퇴출경로의 수단으로서 기업결합 기능). 한편, 장치산업의 특성으로 인해 진입장벽이 존재하여 신규 사업자의 진입이 용이하지 않다는 점을 감안할 경우, M&A는 중장기에 걸쳐 시장지배력을 유지할 수 있게 하는 수단으로도 작동한다.

특징 2: 공통비용과 범위의 경제

전술한 바와 같이 네트워크는 미디어 산업의 본질적이면서 물리적인 투입요소이다. 네트워크의 특성상, 예를 들어, 전화와 인터넷(과거 xDSL), 방송서비스와 인터넷(예: IPTV)은 서로 동일서비스가 아님에도 불구하고 네트워크와 전송장비 등 동일한 설비를 통해 제공되는 특징이 있다. 이와 같은 설비비용을 공통비용(common cost, joint cost)이라 하는데 미디어 산업은 공통비용이 총비용에서 차지하는 비율이 매우 높게 나타나는 특징이 있다. 공통비용은 서비스를 별도로 제공하는 것보다 동시에 제공하는 경우 총비용이 낮아지는 효과를 발생시키며 이를 범위의 경제(economies of scope)라 한다. 범위의 경제는 한 제품의 생산과정

송미디어 시장에 투자가 활성화되지 못하고 있다는 지적에 대해 규제 또는 시장경쟁 차원에서 불확실성이 크기 때문이라는 주장도 이와 같이 설명될 수 있다.

에서 다른 제품을 동시에 생산할 때 비용이나, 생산과정의 추가 적용 없이 전용 가능한 공통생산요소가 존재하기 때문에 발생한다.[9] 사업자 입장에서 범위의 경제가 존재하게 되면 다양한 사업 또는 서비스 포트폴리오를 구성하여 이용자에게 제공하는 것이 가능하게 되고 서비스 경쟁력을 높이면서 이용자에게는 원스톱 서비스를 제공할 수 있어 이용자 후생에도 긍정적 영향을 가져오게 된다. 그러나 다른 한편으로 높은 수준의 공통비용의 존재는 비용에 근거한 규제를 우회할 수 있는 수단을 제공할 수 있다. 예컨대 결합상품을 활용하여 지배력을 전이하거나 약탈적 가격을 책정하는 행위를 판단함에 있어 공통비용의 존재는 그러한 판단을 어렵게 하는 원인이 된다. 즉, 공통비용은 서비스와 1대1의 관계가 아니기 때문에 어떤 서비스의 비용을 타 서비스의 비용으로 이전(전가)하면 비용 기반 규제(예: 원가기반 규제 및 판단)를 일정부분 우회 또는 회피할 수 있게 된다.[10] 그러나 여러 이슈가 있을 수 있음에도, 복수의 서비스가 동시에 제공될 경우 사업자의 설비 활용에 있어서 효율성이 증대될 뿐만 아니라 관리 및 판매, 기술개발 등에 있어 총비용을 절감할 수 있으며 이용자는 원스톱 쇼핑으로 인한 편이성이라는 긍정적 효과를 누리게 된다.

네트워크 산업에 있어서의 범위의 경제 실현과 이용자 수요에 부응하는 전략적 경영 전략의 모색은 유사서비스 사업자간 수평결합 또는 제휴를 촉진하는 유인이 된다. 네트워크 산업의 경우 '네트워크 효과(외부성)'이라는 고유의 특성이 발생하며 네트워크 외부

---

9) 이는 인적자원, 물적 자원, 재무자원, 정보자원 중 공통적으로 사용할 수 있도록 최적조합을 기하는 경제성이라는 측면에서 조합의 경제성(Economy of Combination)이라 불리기도 한다.

10) 이를 비용이전(cost transfer) 문제라고도 하며, 이는 시장 간 지렛대 효과(cross market leverage)로도 나타날 수 있다(지배력 전이 등).

성에 의해 시장실패가 존재할 수도 있다. 네트워크 외부성이 존재하는 경우 네트워크(서비스)는 가입자 수(또는 이용자 수)의 크기에 따라 가치가 상승하게 되며, 쏠림현상과 같은 효과가 발생하게 된다. 네트워크 외부성의 존재에 따라 기존의 생산물·서비스 시장이 수요자-공급자라는 단면적 시장에서 양면적 시장(two sided market)으로 진화하게 된다.[11] 이와 같은 특징에 따라 미디어 산업은 복합미디어 산업 및 사업자로 진화하게 되고, 재원이나 비즈니스 모델 역시 단선적이고 선형적이 아니라 다양한 제휴를 통해 복합적이고 연계형 사업이 주를 이루게 된다.

특징 3: 전송 산업과 기술주도 산업

미디어 산업의 또 하나의 중요한 특징은 콘텐츠와 정보의 생산 이외에도 이를 이용자와 연결하는 매개 기능을 수행하는 산업이라는 것이다. 즉, 미디어 서비스의 경우 창작자 또는 발신자와 이용자 또는 착신자, 방송서비스의 경우 콘텐츠 제작자와 시청자를 연결시켜 준다. 미디어 산업의 이러한 특성은 이종산업 간 수직결합의 유인 요소로 작용하게 된다. 당연하지만 콘텐츠 제작자가 이용자에게 자신의 콘텐츠를 노출·도달시키기 위해서는 전송기능을 수행하는 자가 필요하게 되므로 상호 간의 연계 또는 내부화·계열화 유인이 발생할 수밖에 없다. 또한 전송은 '매개'보다 포괄적 개념으로 물리적 네트워크와 전송장비, 전송 기술, 구현 단말(장비)의 복합적 기능이 조화되어야 한다. 따라서 전송산업의 경우 기술발전의 중요성

---

11) 양면시장(two sided market)이란, 서로 다른 이해관계를 갖고 있는 두 개의 고객그룹 사이의 거래를 중개함으로써 새로운 가치를 창출하는 시장을 의미한다. 예컨대 CP와 이용자를 매개하는 인터넷 포털, 광고주와 구독자라는 고객그룹을 다루는 신문 등이 이에 해당한다.

이 강조되며, 호환성(표준)·연동성이 담보되어야 한다.

전송산업에서의 기술력은 경쟁우위를 확보하기 위한 필수요소이며 기존 서비스의 품질개선과 신규 서비스의 개발을 통하여 이루어진다. 자체적으로 기술을 개발하기 위해서는 대규모 R&D 투자가 필요하며, 그 성과를 상용화하기 위해서는 장기간이 소요되고, 불확실성으로 인해 실패의 위험성이 높다. 즉, 미디어 산업 내 전송기술 등 기술개발 투자는 투자의 회임기간(pregnancy period)이 콘텐츠 등의 제작투자와 달리 길게 나타나는 특징이 있다. 또한 방송의 경우 공공성 및 보편성으로 인해 특정 기술이 국가기술화되는 양상을 보여 기술개발 투자나 선정에 상당한 시일 및 사회경제적 합의가 요구(도입 및 활용에 상당한 시일이 소요)되는 특징이 있다.[12] 이와 같은 이유로 대규모 R&D투자비용의 부담을 절감하고 불확실성을 헷징(hedging)하여 타 사업자와의 경쟁에 있어 기술우위를 선점하기 위해서는 이해관계자 간 공동개발이나 협업 또는 전략적 제휴의 유인이 존재한다. 이러한 기술개발을 통한 기술적 우위는 시장 내에서 경쟁우위와도 연결되며, 기술적 우위가 미디어 시장에서는 경쟁사업자에 대한 진입장벽의 역할을 수행하기도 있기 때문에 많은 미디어 기업들이 전략적으로 기술개발 노력을 하고 있기도 하다.[13]

---

12) 예컨대 2000년대 초반 우리나라 디지털 방송기술 표준 논쟁(유럽식 vs. 미국식)과 같이 방송 기술표준은 사실상 국가기술표준화 된다.

13) 잠재적 진입기업이 존재하는 경우(진입위협이 있는 경우) 기술혁신(R&D)이 오히려 신규 기업의 진입을 방해하는 진입장벽의 역할을 수행할 수 있다는 연구(Dixit, 1981)도 있는 반면, 진입장벽의 역할을 수행하는 기술혁신(R&D)이 존재하는 경우라도 기술혁신의 확산효과(spill over)가 충분히 크거나 기술혁신으로 인한 비용감소분이 진입을 허용하여 독점에서 과점체제로 이행된 후의 이윤감소분 보다 크게 되면 기술혁신(R&D)은 더 이상 진입장벽의 역할을 수행하지 못한다는 연구도 있다(Nils-Henrik, 1993).

특징 4: 정보산업과 정보유통 방식

미디어 산업은 정보·콘텐츠의 생산·유통·소비에 직접적으로 관여하며, 이를 구현하는 산업이다. 콘텐츠의 생산은 오프라인 제작자, 이용자(프로슈머), 방송 및 콘텐츠제공자(CP·PP 등)가 주로 역할을 담당하며, 콘텐츠 유통은 인터넷 포털 및 OTT, 방송플랫폼 사업자가, 콘텐츠 소비는 이용자가 그 역할을 담당하고 있다. 전술한 미디어 산업 자체의 물리적 특성 외에 콘텐츠 부문의 생산이나 유통과정에서 발생하는 부수적 특징이 존재한다. 예컨대 방송미디어의 경우 방송이 갖는 사회, 문화, 경제, 정치적 영향력으로 인해 단순한 경제재, 정보재로 접근하기 어려우며, 막강한 영향력으로 인해 방송산업에 대한 정치적·경제적·사회적 도구화의 유인이 발생한다는 특징이 있다.

정보·콘텐츠의 전달 경로 및 방식(연결성 등)에 따라 네트워크의 가치가 결정될 수 있는데, 연결성 이론에 따르면 기본적으로 사르노프의 법칙과 같이 네트워크의 가치는 이용자 수에 비례하고(Reed, 1999), 양방향 네트워크로 확장하는 경우의 네트워크 가치는 이용자 수의 제곱에 비례하고(멧칼페의 법칙; Gilder, 1993), 이를 커뮤니티와 같은 집단으로 확장할 경우 네트워크의 가치는 이용자에 의해 구성된 집합에서 가입자 수의 거듭제곱에 비례한다고 보고 있다. 나아가 카오의 법칙에서 창조성은 네트워크의 다양성 및 네트워크 구성체의 다양성에 기하급수적으로 증가한다(John Kao & Geoff Mulgan, 1998).[14] 이와 같이 미디어는 물리적 설비나 네트워크로 인해 발생하는 특징 외에도 정보전달 및 유통이라는 차원에서

---

14) 예를 들어 인터넷 공간에서의 집단지성(Wikipedia 등)이 이에 해당한다.

네트워크 토폴로지 및 전달되는 정보의 내용·정보의 가치, 정보의 재가공·재생산·재활용 여부에 따라 그 산업의 가치가 크게 달라지게 된다.[15]

특징 5: 규제산업

미디어 산업은 공익재 산업(Public utility industry)으로 분류된다. 즉, 공공재적 성격도 일부 있으나, 사적재이면서 국민의 공익에 유의한 영향을 미치는 산업으로 분류된다. 미디어 산업은 필수적 공익서비스를 제공하는 산업으로서 국민의 삶의 질, 나아가 민주주의의 향상에 필수불가결한 보편적 서비스를 제공할 뿐만 아니라 사회간접자본으로서 타 산업의 발전에 지대한 영향을 미친다. 예를 들어 미디어 산업은 경제적 부가가치를 창출함과 동시에 콘텐츠를 통해 이용자와 국민의 표현의 자유를 구현하는 수단이 되는 것이다. 실제로도 산업경제적 특징과 공익적 특징이 공존하는데 표현의 자유와 사상의 자유시장은 미디어 산업의 공적가치를 형성하는 주된 권리이자 가치이면서 산업경제적으로는 콘텐츠 영역에 대한 경쟁 도입, 콘텐츠 동등접근, 망중립성 등의 제도들에 대한 정책적 타당성도 같이 제공한다.[16]

미디어 산업은 전술한 바와 같이 대규모 설비투자가 요구되는 장치산업으로 사업자의 진입이 무제한 허용될 경우 중복투자가 발생되며, 반대로 사업자의 진입이 제한될 경우 시장지배력의 남용이

---

15) 정보의 환류(feedback) 및 재생산·재활용이 있는 경우 정보의 가치는 재생산률에 비례하는 무한등비 급수가 된다(예: 댓글 등).

16) 예컨대 콘텐츠 동등접근권은 콘텐츠에 대한 비차별적 접근권을 보장함으로써 이용자들의 권익을 보호한다는 공적 취지는 물론 콘텐츠라는 필수투입요소를 활용하여 경쟁사업자를 배제하는 행위를 규제함으로써 미디어 시장의 공정경쟁을 보호하는 또 다른 취지가 존재한다.

우려된다.[17] 이와 같이 미디어 산업이 갖는 구조적 특징으로 인해 진입규제, 경쟁규제, 요금규제, 이용자 보호 규제 등 다양한 규제가 도입·적용되고 있고, 강한 규제 산업이라는 특징이 존재한다.[18] 미디어 산업과 일반 산업은 상업성 추구라는 점에서는 유사하나, 공익성을 추구한다는 점에서 차이가 있는데 미디어 산업은 정보의 제공 외에 사상, 정치, 문화 등을 다루고 있다. 민주주의 구현의 핵심 요소(공론장)이기도 하다. 미디어 산업은 정보제공, 문화서비스 제공 등 개인의 사고형성에 영향을 미치기 때문에(수용자 반응 및 매체 효과론), 민주 사회 형성에 기여하며(숙의 민주주의 이론), 사회의 문화를 구성하는 다양한 비전 및 사상을 제공하고(다양성) 사회 구성원의 다양한 이해를 반영하는 프로그램(콘텐츠)을 제공한다(공적책임). 동시에 특정 정치집단 또는 세력에 좌우되지 않고 독립적 정보를 제공(정치적 중립성)해야 하고 다양한 사상, 의견, 관점들이 자유롭게 유통되는 공론장으로서의 역할을 해야 한다. 이와 같이 미디어 산업에 대한 사회적 요구와 가치 달성을 위해 산업적 규제 외에도 다양한 공적 규제가 적용된다.

---

17) 이러한 이유로 공익재 산업이면서 장치산업인 미디어 산업에 대해 정부의 적극적인 시장경쟁 통제 정책이 이루어졌으며, 이러한 요인이 초기 미디어 산업의 지대 원천이 되었다.

18) 대표적인 규제산업은 미디어(방송통신), 의료 및 제약, 교통, 에너지(전력, 가스 등), 상하수도 등이 이에 해당하고 이러한 산업은 모두 공익재 산업으로 분류된다.

3. 미디어 산업의 특징에 따른 영향

전술한 바와 같이 우선 장치산업의 특징은 상대적 진입장벽(relative entry barrier)[19]의 역할을 수행한다. 상대적 진입장벽 중 비용의 우위에 결정적인 영향을 받게 되는데, 규모의 경제로 인해 후발사업자에 비해 선발 사업자가 누리는 비용의 우위가 상대적으로 크다. 따라서 후발 사업자 진입을 통한 경쟁촉진 시 비대칭 규제 등과 같이 후발 사업자가 시장에 진입하여 경쟁사업자로서 기능할 수 있도록 별도의 정책(예: 비대칭 규제 및 유효경쟁정책 등)이 같이 수반되는 것이 일반적이다. 또한 장치산업의 특징은 수평적 결합(Horizontal M&A)을 촉진시키는 유인이 되는데 미디어 시장의 경쟁도입 단계 이후 성숙 단계로 진입하면서 이러한 인수합병이 발생하는 것이 일반적이다. 첫째, 재원의 측면에서는 장치산업 특징으로 인해 초기에 막대한 설비투자가 수반되어야 하며, 이로 인해 자본력이 큰 사업자를 중심으로 네트워크 기반의 미디어 사업이 형성된다.

둘째, 네트워크 산업에서 공통비용의 존재는 전술한 바와 같이 비용이전 문제와 시장 간 지렛대 효과의 문제가 발생 가능하다. 공통비용이 존재하는 두 개의 서비스를 결합판매 하는 경우 한계비용에 대한 판정이 어려우며, 결합판매가 아니더라도 규제 대상 서비스의 비용을 비규제 대상 서비스로 이전시킬 수 있게 된다. 이를 억제하기 위한 수단으로 회계분리 제도가 도입·적용되는데, 회계분리가 있더라도 실질적인 규제에 한계가 있을 수도 있다.

---

19) 절대적 진입장벽: 법 또는 규제에 의한 특허, 독점권, 허가와 같은 법적 진입 규제 등
　　 상대적 진입장벽: 비용의 우위(규모의 경제, 범위의 경제), 이용자 충성도, 기술 우위, 자본시장 불완전성(Capital market imperfection) 등

또한 기존 서비스의 우월성이 신규 서비스 시장으로 전이되는 효과 역시 발생 가능하다. 공통비용이 존재하는 경우 기존 서비스로 비용을 이전하면 신규 서비스의 한계비용을 낮출 수 있으므로 약탈적 가격 또는 가격압착 행위가 가능해진다. 재원의 측면에서 공통비용의 존재는 신규 시장으로의 투자가 활발해질 수 있다는 장점도 있는데, 즉, 범위의 경제로 인해 인접시장에서의 생산이나 서비스 제공이 활성화될 수 있다. 실제로 1990년대 중반 이후 대부분의 미디어 사업자는 복합 미디어 사업자로의 변화가 발생·심화되었다. 특히 방송영상 미디어의 경우 복합 미디어 사업자의 대두와 방송통신 융합으로 인해 시장경계가 소멸되면서 이러한 복합 미디어 사업자의 등장이 더욱 가속화되었다.

셋째, 네트워크 산업 특징은 네트워크 외부성에 의해 시장 경쟁을 악화시킬 수 있는 영향이 발생할 수 있다. 네트워크 외부성의 존재는 시장실패를 발생시키는 원인이 되기도 하며, 이로 인해 쏠림현상이 발생할 수 있다. 특히 미디어 시장의 특성상 양면시장인 경우 양측 시장 간에 외부성이 존재하여 플랫폼 사업자의 시장 지배력이 상호 전이되는 현상이 발생 가능해진다. 나아가 플랫포밍 기능은 결국 콘텐츠의 직접적인 소비 재원이 형성되기 보다는 플랫폼 사업자에게는 매개 수수료의 재원이 형성되고, 플랫폼 사업자와 CP 간의 수익배분이 중요한 과제가 된다.

넷째, 전송산업은 수직적 결합의 유인을 발생시키게 되는데, 전송의 구현은 시장계층 및 다양한 네트워크 구성요소가 적절히 결합되어 운용될 때 가능하므로 각 구성 요소간의 수직적 결합을 촉진시키는 경향이 있다. 초기 네트워크 산업 또는 전송산업의 경우 도매망·도매사업과 소매망·소매사업을 통합하여 수직 계열화

되었었으나, 최근에는 경쟁 촉진을 위해 이를 분리시키는 경향이 있다.[20]

다섯째, 기술주도 산업의 특징도 장치산업과 유사하게 진입장벽의 역할을 수행하게 된다. 즉, 기술 특허는 절대적 진입장벽의 역할을 수행하거나 비용의 우위를 누릴 수 있도록 하는 역할을 수행함으로써 우월한 기술을 보유한 사업자가 선발자의 이익 및 시장 내 경쟁우위를 가질 수 있다.[21] 특히, 기술의 확산속도가 빠르지 않고 기술의 복제 또는 활용에 소요되는 비용이 높다면 진입장벽의 역할을 수행하게 되는 것이다. 방송 및 통신서비스 시장의 경우 표준이 매우 중요하여 표준에 따라 시장 경쟁이 좌우되며, 표준에 따라 특정 기술의 흥망이 결정된다. 반대로 만약 개발비용보다 복제(모방)비용이 더 적다면 진입하여 모방을 통한 사업을 제공할 수 있다(Leader-Follower 모형). 따라서 미디어 사업자들은 전략적인 관점에서 기술개발에 접근하며 제휴와 협업, 공동개발 또는 기술력을 보유한 기업을 인수합병 하는 등의 시도가 나타난다.

여섯째, 정보·콘텐츠 산업의 특징은 공정경쟁에 영향을 미친다. 과거 미디어 산업(특히 방송산업)은 진입장벽 자체가 지대의 원천이었으나, 최근에는 콘텐츠 자체가 지대의 원천이 되고 있다. 또한 정보·콘텐츠 산업의 특징에 따라 이를 유통하는 플랫폼 사업자의 지위가 강화되어 왔는데[22] 최근 들어 OSMU(One Source Multi Use)

---

20) 예를 들어 발전부문과 송전부문의 분리, 통신서비스에서 필수 애로설비의 구조 분리 또는 기능 분리 등, 최근 방송서비스에서의 필수설비 논쟁 및 망중립성 이슈 등이 이와 같은 영향에 의해 발생한 것이라고 볼 수 있다.

21) 예컨대 기술특허와 같은 배타적 이용권, 주파수 이용권, 로열티 등이 이에 해당한다.

22) 방송사 vs PP, 통신사업자 vs CP, 포털 vs CP 등의 관계에서 보듯이 일반적으로는 플랫폼 사업자가 콘텐츠 사업자에 비해 우월적 지위에 있다고 볼 수 있다. 그러나 최근에는 이러한 우월관계가 역전되는 모습도 관찰된다.

추세가 심화되고, 오리지널 콘텐츠 전략이 강화됨에 따라 콘텐츠 사업자의 지위가 강화되고 있는 추세로 변화하고 있다.

4. 미디어 시장구조 및 재원

1) 국내 방송미디어 시장구조와 재원 흐름

현재의 방송시장 구조는 수평계위에서는 지상파와 유료방송(플랫폼 기준)으로 구분되며, 수직계위에서는 플랫폼과 콘텐츠 시장으로 구분된다. 아직 방송미디어로 간주되진 않으나 시청각미디어 영역으로 확장시키면 전통적 방송미디어 영역 외부에 인터넷 기반의 온라인 동영상미디어(OTT)가 구조적으로는 전통 미디어와 유사하게 콘텐츠와 플랫폼으로 구분된 수평적 구조를 형성하고 있다. 방송시장의 경쟁은 유료방송 시장 내에서의 경쟁과 더불어 유료-지상파 간의 경쟁이 확대되고 있으며, 콘텐츠 계층 역시 지상파-유료(종편 포함)방송 시장의 경쟁이 광고시장을 매개로 이루어지고 있다. 동시에 OTT와 전통미디어 간의 경쟁 역시 발생하고 있으며, AVOD(광고형 OTT)는 전통적 방송광고를 대체하고, SVOD(가입형 OTT)는 유료방송 VOD와의 경쟁이 일어나고 있다.

국내 방송시장의 구조는 지상파 방송시장(TV, 라디오)과 유료방송 시장(케이블TV, 위성방송, IPTV)으로 구분할 수 있고, 방송채널 시장에서는 지상파 방송과 유료방송 시장이 사실상 경쟁 관계(동일시장 획정)로 볼 수 있으며, 플랫폼 시장에서는 별개의 시장이 된다(방송통신위원회, 2019). 한편 수익재원 측면에서의 방송채널 영역에서는 방송광고시장이라는 단일시장을 대상으로 경쟁이 이루어지고 있다. 그리고 거래관계에 있어서 지상파 방송시장과 유료방송 시장의 프로그램 수급관계는 재송신과 지상파 계열 PP, 일반 PP의 지상파 콘텐츠 송출에서 나타난다.

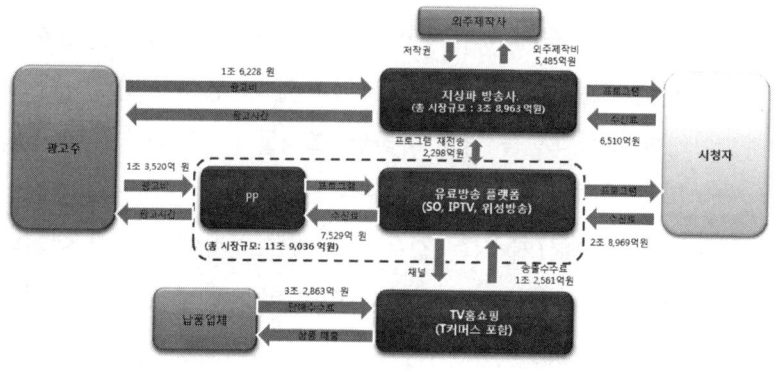

〈그림 1〉 국내 방송시장에서의 재원구조와 흐름
출처: 방송산업실태조사보고서(2018)

위의 그림에서 보듯이 국내 방송사업자들의 방송사업을 통해 방송시장으로 유입되는 직접재원은; ①공영방송 수신료(6,510억 원), ②유료방송 수신료(2조 8,969억 원), ③광고비(지상파 광고비 1조 6,228억 원, 유료방송 PP 광고비 1조 3,520억 원)이며, 간접재원은 납품업체가 TV홈쇼핑 사업자에게 지급하는 판매수수료(3조 2,863억 원)에서 플랫폼 사업자에게 배분되는 송출수수료(1조 2,561억 원)이 있다. 문제는 방송사업을 통해 유입되는 재원 규모가 매우 협소하다는 것인데, 위의 직접재원만 놓고 본다면(net cash inflow) 약 6조 5,227억 원 수준으로 매우 적다.[23]

---

23) 간접재원인 홈쇼핑 송출수수료까지 포함할 경우 7조 7,788억 원 수준이다.

2) 방송미디어 재원의 형성과 구분

방송미디어 영역에서의 재원은 크게 공적재원과 사적재원으로 구분될 수 있다. 방송의 특성상 공공재적 성격이 존재하며, 사적재이면서 공익재라는 특성이 있다. 따라서 재원 역시도 공공재와 유사 사적재화 간의 경쟁에 의해 발생하는 결과물로서의 재원이 형성된다. 즉, 공공재와 유사한 내용 또는 효용을 제공하는 사적재화가 존재하는 경우 공공재와 사적재 간의 경쟁이 발생하게 되며, 이러한 경쟁과정을 거쳐 나타난 결과물로서의 재원이 형성되는 것이다. 이 과정에서 공공재(또는 공익재)와 유사한 사적재화가 경쟁 관계를 형성하게 되는 경우 사적재화 시장에서 가격 메커니즘이 작동하지 않거나, 사적재화 시장이 위축될 수 있다는 지적도 존재한다(이종관, 2012).[24] 이는 공공재의 비배제성이 유사 인접시장으로 그 효과가 전이되어 가격 메커니즘에 의한 수요·공급 및 자원배분에 간섭을 일으킬 수 있다는 것이다. 공공재의 가격(요금) 책정 모형 중 린달 모형(Lindahl public goods pricing model)에 입각하면 공공재의 가격(요금)은 공공재의 효용과 사적재화 간의 효용 비로 나타난다. 방송시장을 예로 들면, 최적의 재원 배분이 달성되기 위해서는 공영방송으로부터 얻어지는 효용과 타 방송으로부터 얻어지는 효용의 비가 그 이용대가, 즉, 수신료와 일치되어야 한다는 것이다. 광고수익의 경우에는 광고단가(광고주들의 시청률에 대한 한계효용)와 총량(판매량)에 의존하므로 민간 상업방송의 한계효용 수준으로 결정된다. 따라서 이 둘을 종합하면 공영방송의 수신료 수준은 시청자들이 느끼는 민간 상업방송의 한계효용 대비

---

24) 예를 들어 2000년대 중후반 지상파 방송과 유료방송 시장의 차별성이 낮은 상태(예: 유료방송 채널이 지상파 재방 중심의 서비스를 제공하는 경우)에서 MMS가 도입되면 유료방송 시장이 위축될 가능성이 높다는 지적은 꾸준히 제기되어 왔다.

공영방송의 한계효용 수준에 따라 결정되고, 재원은 양자의 한계효용 수준에 따라 배분된다. 따라서 비록 공적재원이라고는 하지만 공적재원의 크기를 결정하는 것은 경제학적 관점에서 보면 공영방송이 제공하는 효용과 민간 상업방송이 제공하는 효용의 차이에 의해서 결정되는 것이다.

공적재원의 연장선에서 공영방송의 재원은 수신료를 포함한 '공적재원'과 '광고'의 형태로 이루어지는 것이 일반적인 구조이다.[25] 강학적으로 공영방송은 수신료로 운영되는 것이 가장 바람직하다는 것이 학계의 다수설이며, 이의 근거는 공영방송의 독립성 보장을 위함이다.[26] 수신료 제도는 공영방송의 제도적 자율성을 높이고 국가와 광고주로부터 공영방송의 독립성을 확보한다는 측면에서 바람직하다고 평가된다(김승수, 2013). '광고' 등 상업적 재원이 공영방송의 재원으로 활용될 경우 광고주의 압력 등으로 인해 공영방송의 가장 중요한 기능인 공정성 확보가 어려워지는 상황이 초래될 가능성이 높아진다. 특히 공정한 보도를 통해 사회에 대한 감시와 견제 기능을 수행해야 할 공영방송 본연의 기능이 퇴색되어(강명현, 2012), 공영방송의 정체성을 확보하기 어려워지고 공영방송이 상업화되어 결국 재원구조로 인해 공영방송의 본질적 가치가 훼손되는 문제가 발생할 수 있다.[27] 이에 따라 공영방송을 포함한 공적 가치 실현을 목적으로 운영되는 세계의 주요 방송사들은

---

25) '수신료만을 재원으로 하는 경우', '광고만을 재원으로 하는 경우' 및 '수신료와 광고를 모두 재원으로 삼는 경우(혼합형)'도 있는데 KBS가 그런 경우에 해당한다.
26) 여기서 독립성이 의미하는 것은 정치적인 독립성과 상업적인 독립성이며, 정치적인 독립성은 거버넌스 구성 등을 통해 보장되어야 한다는 것이 일반적인 인식이다.
27) 공영방송의 중요한 기능 중 하나는 상업방송에서 다루기 어려운 높은 공적 가치를 지닌 콘텐츠를 제공함으로써 방송의 실질적인 다양성을 높이는 것이나 광고재원이 차지하는 비중이 커질 경우 이러한 역할을 수행하는 것이 어려워질 수 있다.

방송의 독립성 확보와 공적 가치 실현을 위해 수신료 등 공적 재원 및 비영리 재원을 방송사의 주된 수익원으로 활용하고 있다.[28]

한편, 사적재원은 민간 상업방송사들이 방송서비스를 제공함에 따른 대가로서 지상파 방송사의 경우 광고 및 협찬수입, 프로그램 판매수익(VOD 및 콘텐츠 판매 등), 재송신 매출(재송신 CPS 수입)이 있고, 유료방송 플랫폼 사업자의 경우 유료방송 수신료 수입이 대표적이다.[29] 한편, PP의 경우 광고 및 협찬수입과 플랫폼으로부터 수취하는 프로그램제공 수입(수신료 배분 수입)이 대표적이다. 한편, TV홈쇼핑 사업자는 판매수수료 매출(일부 광고매출도 있음)이 대부분을 차지하고 있다. 이와 같은 사적재원은 순수하게 사업 활동을 통해 발생하는 매출로서 그 성격은 일반 사적재화나 용역을 판매함에 따라 발생하는 수입과 동일하다. 다만, 아무리 사적재원이라고 하더라도 방송의 공익성 및 시청자 권익을 보호하기 위해 재원에 대한 직접적인 규제가 적용되고 있다.[30]

---

28) BBC의 경우 Worldwide(국외 수입)를 제외한 모든 채널이 수신료 및 공적재원으로 운영(BBC 및 BBC의 디지털 채널 중 교육 관련 채널은 존재하지 않으나 교육 장르를 포함한 factual 장르를 일정 비율 이상 편성하고 있는 상황)된다. 또한 미국 교육방송(National Educational Television)을 전신으로 하는 PBS의 경우 비영리로 운영된다는 것이 가장 큰 특징이라고 할 수 있으며, 이는 교육프로그램을 제작 및 편성하는 방송사의 상업적 독립성이 중요하다는 것을 시사한다.

29) 유료방송 플랫폼 사업자의 수익구성은 국내의 경우 수신료 수입, 광고수입(플랫폼 광고, 큐톤 광고나 지역광고, VOD 광고 등), 단말장치임대수입(STB 임대료)가 대표적인 B2C 수입이며, 이외에 홈쇼핑 사업자로부터 수취하는 홈쇼핑 송출수수료 수입이 큰 비중을 차지하고 있다(이에 대한 세부적 내용은 제5장을 참조).

30) 예컨대 유료방송 요금에 대한 승인제(케이블TV의 경우 상한승인, IPTV의 경우 정액승인)가 적용되고 있으며, 지상파나 종편PP에 대해서는 판매대행제도를 의무화시킴으로써 광고재원에 대한 간접적 규제를 적용하고 있다. 이외에 여러 논쟁이 존재하지만 재송신 매출이나 홈쇼핑 송출수수료 수입에 대해서는 사적자치의 원칙에 따라 별도의 직접적인 규제는 존재하지 않는다.

위와 같은 공적재원과 사적재원 간의 형성과정에 있어서는 공적재원과 사적재원 간의 경쟁 이슈가 존재한다. 이론적으로 공공재의 사회적 최적 생산량 제공을 위한 비용 보전을 위해 재원을 징수(조세, 수신료 등)하였으나, 해당 재원을 사적시장에서 경쟁하는 재화(또는 서비스)에 투입하게 되면 공적재원을 통한 사적시장 지배력 전이가 발생할 수 있다는 것이 그 주된 요지이다. 즉, 공공재원(공적지대)을 사적시장에 투입함으로써 공영방송이 사적시장에서 제공하는 서비스가 구조적 경쟁 우위 발생할 수 있고, 공영방송의 운영을 위한 공적재원이 사적시장으로 이전되면서 사적 경쟁시장에서 공영방송이 제공하는 다른 서비스의 요금을 한계비용 이하로 낮출 수 있게 된다는 것(=약탈적 가격)이다. 이 경우가 현실화되면 사적 경쟁시장에서의 경쟁사업자는 퇴출되거나 적자를 감수하면서 서비스를 제공 하게 되는 문제가 발생할 수도 있다.

〈표 1〉 매체별 주요 수익원 현황(2018년 기준, 단위: 억 원)

구분	방송사업매출	수신료매출	재송신매출	프로그램제공매출	광고매출	협찬매출	홈쇼핑송출수수료매출	단말장치대여매출	프로그램판매매출	홈쇼핑방송매출	기타방송사업매출
지상파	37,965	6,780	3,184	101	13,007	3,692			8,179		3,022
SO	20,898	7,981			1,407	32	7,571	3,783			123
위성	5,551	3,138			511		1,741	111			50
IPTV	34,358	22,345			1,161		7,127	2,649			1,076
PP	68,402			8,016	16,167	3,736			2,610	34,938	2,935
CP	5,761			719	1	6			3,543		1,491
DMB	104				21	11			8		64
계	173,039	40,244	3,184	8,837	32,275	7,477	16,439	6,544	14,340	34,938	8,761

출처: 방송통신위원회(2018). 2018년도 방송사업자 재산상황 공표집

참고문헌

김성환 외 (2008). 양면시장(two-sided market) 이론에 따른 방송통신 서비스 정책 이슈 연구, 『기본연구』 08-11, 서울 : 정보통신정책연구원

방송통신위원회(2019). 2018년도 방송사업자 재산상황 공표집, 과천 : 방송통신위원회.

방송통신위원회(2019). 2018년도 방송시장 경쟁상황 평가, 과천 : 방송통신위원회.

정보통신정책연구원 (2005). 『통신서비스 정책의 이해, 서울 : 법영사.

차배근·김우룡·이기홍 (1993). 『매스컴 대사전』, 서울 : 한국언론연구원.

Alexander, Alison et al. (Ed.) (2004). *Media Economics: Theory and Practice (3rd Ed.)*. Lawrence Erlbaum Associates, Inc.

Armstrong, Mark (2006). Competition in Two-Sided Markets, *Rand Journal of Economics*, vol. 37, 668-691.

Colin Hoskins, Stuart McFadyen, and Adam Finn (2004), *Media Economics - Applying Economics to New and Traditional Media*. SAGE Publications.

Doyle, Gillian (Ed.) (2006). *The Economics of the Mass Media*, Edward Elgar Publishing, Inc.

Hartmanm, F. (2006). 이상엽·강웅경(역), 『미디어 철학』, 서울 : 북코리아.

Rochet J. C. and Tirole J. (2004). Two-sided markets: An overview. Working paper, Institut d'Economie Industrielle, France.

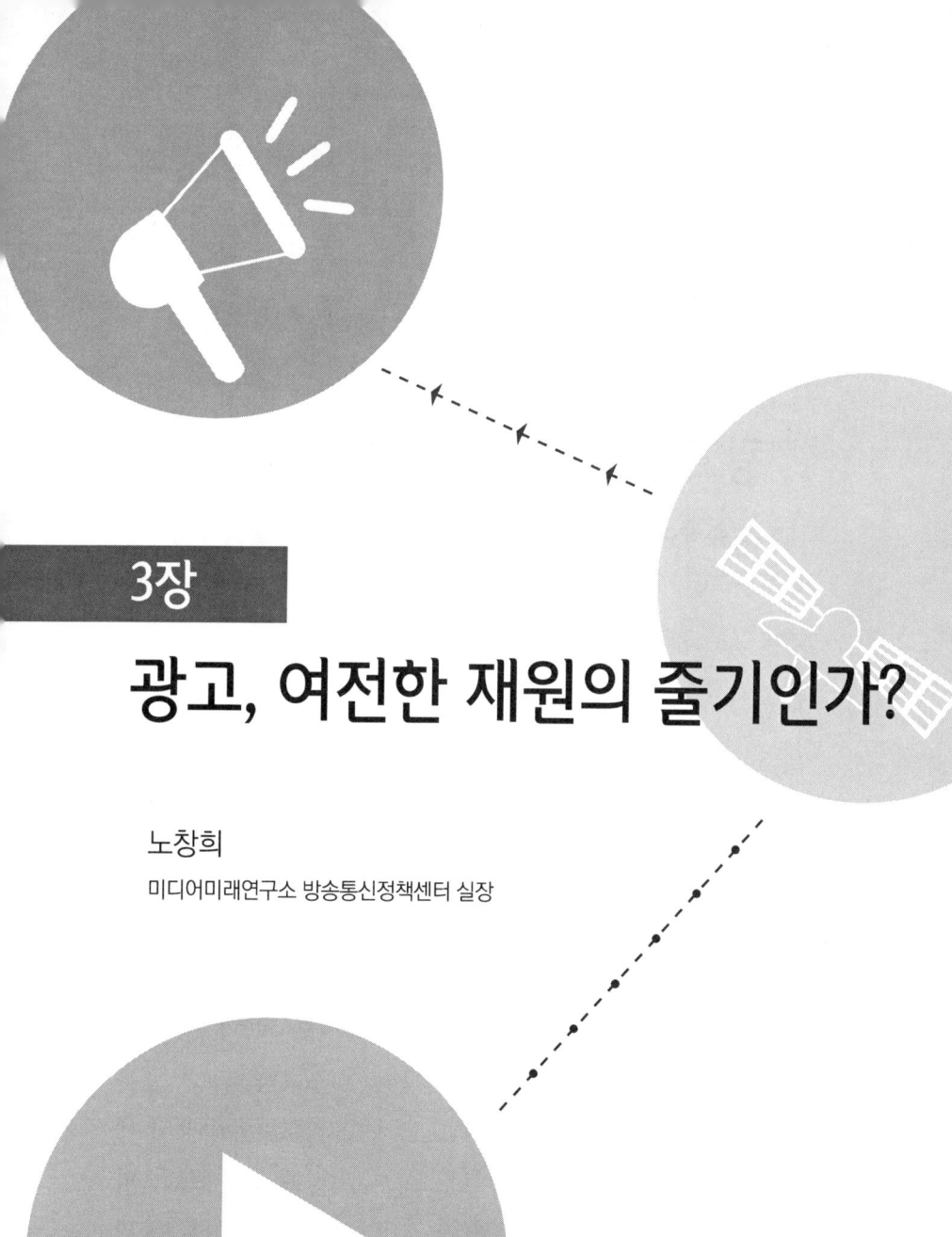

3장
광고, 여전한 재원의 줄기인가?

노창희
미디어미래연구소 방송통신정책센터 실장

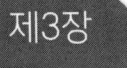

광고, 여전한 재원의 줄기인가?[1]

지상파방송의 미래지향적 재원 확보 방안과 광고산업 활성화 방안

노창희
(미디어미래연구소 방송통신정책센터 실장)

1. 미디어 환경 변화와 재원으로서 방송 광고

2019년 글로벌 미디어 시장에 많은 변화가 있었다. 대표적인 것은 글로벌 사업자들이 OTT 스트리밍 서비스를 강화한 것이다. 2019년 11월에 디즈니와 애플이 각각 디즈니+와 애플TV+로 새로운 스트리밍 서비스를 출시하였다. 특히, 디즈니의 행보가 주목받고 있다. FOX를 인수하면서 HULU의 실질적인 주인이 된 데 이어 자체 OTT 플랫폼을 디즈니가 새로이 런칭한 것은 콘텐츠와 플랫폼 간의 시너지를 극대화하겠다는 디즈니의 의지로 읽을 수 있다. 2021년 경에는 아시아 진출도 계획중이다(김문기, 2019. 4. 14; The Walt Disney Company, 2019). 이와 같이 글로벌 사업자들은

---

1) 제3장은 동일한 제목으로 2019년 가을철 방송학회 정기학술대회에서 발표한 원고를 일부 수정하여 실었음을 밝힙니다.

자신들이 가진 강점은 극대화하는 한편, 약점을 보완하면서 글로벌화를 향한 움직임을 본격화하고 있다. 유료방송에 대한 지불의사가 낮은 국내에서 성공 가능성이 높지 않을 것이라고 예측되었던 넷플릭스의 영향력도 높아지고 있다. 모바일 데이터 조사업체 와이즈앱에 따르면 2019년 10월 기준으로 국내 넷플릭스 유료가입자 수는 200만 명 이상인 것으로 추정된다(김민선, 2019. 11. 12). 넷플릭스는 국내 시장에서 오리지널 콘텐츠에 대한 공격적인 투자를 지속하고 있으며, 2019년 11월에는 CJ ENM과 JTBC와 콘텐츠 투자에 대한 제휴를 맺기도 하였다. 글로벌 사업자들의 이러한 움직임은 동영상 시장에서 OTT 시장의 중요성이 커지고 있음을 시사한다. 방송사업자들은 이제 온라인 영역에서 국내외 OTT 사업자들과 경쟁해야 하는 상황에 직면한 것이다.

한편, '수퍼 플랫폼'이라고 불리는 사업자들이 글로벌한 차원에서 미디어 시장을 주도하고 있는 형국이다. 구글, 페이스북과 같은 사업자들은 주수익원을 광고로 하여 성장해 왔다. 이들 사업자뿐 아니라 온라인 영역의 사업자들이 광고를 기반으로 성장하고 있다. 이제 모바일을 포함한 온라인 영역의 광고 매출이 방송광고 매출액을 넘어서고 있다. 동영상 이용도 모바일 미디어를 통한 소비가 크게 늘어나고 있다. 메조미디어 트렌드전략팀(2018)에 따르면, 2018년 상반기 모바일 동영상 광고 시장의 점유율은 1위 유튜브가 40.7%, 페이스북이 32.4%를 차지하고는 것으로 나타나 두 사업자를 합치면 점유율이 73.1%에 이르는 것으로 나타나고 있다. 이러한 상황에서 광고매체로서 방송이 가진 매력도가 떨어지고 있다는 평가가 지속되어 방송산업이 위기에 처했다는 인식이 확산되고 있다.

방송에서 광고는 수십 년간 가장 중요한 수입원이었다. 그런 의미에서 광고는 방송산업 재원의 줄기였다고 할 수 있다. 광고산업 역시 방송산업의 성장과 궤를 함께 해왔다. 하지만 이제 방송은 광고산업에서 더 이상 가장 중요한 광고매체가 아닐 수도 있는 상황에 직면하였다. 방송산업 내에서도 광고 재원이 차지하는 비중은 갈수록 줄어들고 있다. 방송산업에서 광고 재원이 차지하는 비중이 줄어든 것은 지상파 방송광고 매출 감소와 재원구조 변화에 기인하는 것이지만 중·장기적인 차원에서 다른 방송사업자들도 재원에서 방송광고가 줄어드는 상황을 대비해야 하는 시기가 되었다.

본 연구에서는 이러한 인식에서 출발하여 방송의 재원으로서 광고가 갖는 의미가 무엇인지 살펴보고자 한다. 방송산업에서 광고가 얼마만큼의 비중을 차지하여 왔는지, 현재는 어떠한 상황인지, 미디어 환경 변화를 고려할 때 미래의 재원으로서 광고를 방송사업자가 어떻게 어떤 시각에서 접근하는 것이 바람직한지 등에 대해 고찰해 보고자 하는 것이다.

이를 위해 여기에서는 현재 미디어 환경이 어떻게 변화했지에 대해 살펴볼 것이다. 이는 미디어 환경변화가 방송산업에 어떠한 영향을 미쳤으며, 방송광고 산업에 어떤 영향을 주었는지 살펴보기 위함이다. 현재 미디어 환경의 특징은 모바일 위주 이용 환경이 확산되는 가운데 플랫폼이 늘어나면서 콘텐츠의 중요성이 높아지고 있다는 것이다. 또한, 글로벌 사업자들의 영향력이 커지면서 전통적인 방송사업자들의 미래에 대한 위기감이 확산되고 있다. 아울러 본 연구에서는 먼저 방송이 산업화되면서 방송광고가 어떠한 역할을 해 왔는지 얼마만큼의 비중을 차지하고 있었는지에 대해 살펴볼 것이다. 또한, 광고재원의 비중과 다른 재원의 비중이 어떠한 변동을 거쳐 왔는지에 대해서도 함께 보고자 한다. 이는 미디어 환경의 변화에 따라 광고재원이 차지하는 의미가 시기별로 어떻게 달라졌는지 보다 입체적으로 살펴보기 위함이다.

다음으로는 구체적으로 매체별로 방송광고가 어떠한 비중을 지니는지 분석해보고 광고 비중 변화의 원인을 정성적인 차원에서 살펴보고자 한다. 시청률과 같은 매체의 경쟁력 하락에서 광고가 감소되는 것인지, 미디어 이용환경에서 양방향 서비스 이용이 보편화되면서 다른 영역의 방송광고 매출이 증가하는 것인지 등에 살펴보고자 하는 것이다.

광고 경쟁력이 단순히 매체의 경쟁력에 의해서만 결정되는 것은 아니기 때문에 현재 방송사업자들이 어떠한 영업 전략을 통해 산업 내에서 경쟁력을 확보하고 있는지에 대해서도 살펴보고자 한다. 현재의 미디어 환경과 미래의 미디어 환경을 종합적으로 고려할 때 단일매체 전략으로는 광고 영업이 쉽지 않다는 점을 감안한다면 크로스미디어 전략이나 미디어 믹스 등은 방송광고 산업에서 간과할 수 없는 중요한 부분이기 때문이다.

마지막으로 본 연구에서 살펴본 방송광고 관련 쟁점들을 종합하여 현재 방송산업에서 재원으로서 방송광고가 가지고 있는 의미에 대해 총론차원에서 논하고자 한다. 방송에서 광고는 방송이 산업으로 자리 잡을 수 있게 만든 가장 중요한 재원이었으며, 향후 차지하는 비중이 줄어든다고 하더라도 중요한 재원 중 하나로 기능할 것만은 분명하다. 다만, 미디어 환경 변화를 고려하면 미래지향적인 접근 방식과 새로운 매체 활용 전략이 필요할 것으로 보인다. 본 연구는 급변하는 미디어 환경 속에서 전환점을 맞이한 방송산업의 중요한 재원인 광고가 가지는 의미를 짚어보고 그를 통해 미래지향적인 시사점에 대해 살펴보자.

2. 미디어 환경 변화가 방송산업에 미치는 영향

1) 미디어 트렌드 변화

　기술의 진화, 사업자의 혁신과 이에 따른 이용자의 니즈 변화로 미디어 환경은 크게 변화하고 있다. 현재 일어나고 있는 변화를 다양한 측면에서 살펴볼 수 있겠으나, 기술 진화, 모바일 중심 이용 환경의 보편화, 글로벌화와 이에 따른 전반적인 생태계 변화라는 관점에서 조명하는 것도 가능할 것이라고 판단된다. 기술 발전에 따른 미디어 기술의 진화는 지금보다 더욱 다양한 플랫폼에 콘텐츠를 유통시키는 것이 가능해지도록 유도하고 있으며, 이에 따라 콘텐츠 산업이 갖는 가치는 보다 커지고 있다. 제4차 산업혁명과 관련하여 가장 주목받는 트렌드라고 할 수 있는 데이터 기반 환경은 미디어 환경 변화를 추동하는 기반이 되어가고 있다. 이제는 미디어 사업이 가치사슬대로 수직적으로 연결되는 것이 아니라 플랫폼과 콘텐츠가 연계되는 등 역동적인 형태로 시장행위와 이용양상이 나타나고 있다. 플랫폼이 다양화되면서 콘텐츠의 중요성이 높아지고 있는 반면, 이용자에 대한 데이터 확보가 가능하고 이를 기반으로 이용자 맞춤형 콘텐츠를 제공할 수 있는 플랫폼 사업의 중요성 또한 높아지고 있다(Smith & Telang 2016). 이에 따라 양자 간 시너지 창출을 통한 경쟁력 확보가 중요해지고 있는 시점이다.

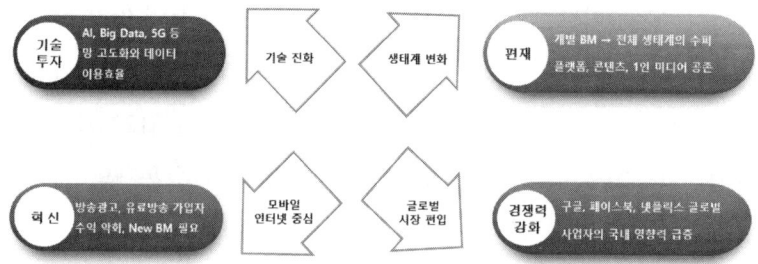

〈그림 1〉 미디어 트렌드 변화

출처: 미디어미래연구소 방송통신정책센터(2018)

 미디어와 이용자 사이의 관계는 역사적으로 보면 이용자의 선택권 확장과 관련되어 있다. 매체가 많지 않던 시대에는 이용자의 선택권이 제약되어 주도권이 수용자보다는 매체에 있었고 이는 광고시장과도 밀접한 관련을 맺는다. 광고주 입장에서 광고를 할 수 있는 매체가 한정되어 있다는 것은 시장 내에 존재하는 매체의 교섭력을 높여주기 때문이다. 방송의 다채널화와 인터넷 도입 이전에 특정 매체의 영향력이 크다고 간주되었던 기본적인 이유는 매체의 수가 한정되어 있었기 때문이었다(Gross, 2009).

 하지만 방송의 다채널화가 진행되고 인터넷이 도입되면서 수용자의 선택권이 크게 향상되었다. 특히, 방송은 전통적으로 주파수의 희소성을 근거로 시장에 몇 안 되는 존재였으나 동영상과 콘텐츠를 접할 수 있는 창구가 무수히 많아진 지금의 상황에서는 이용자의 관심이 오히려 희소한 자원이 된 형국이다. 이제 미디어는 관심의 시장(marketplace of attention)에서 이용자의 주목도를 놓고 경쟁해야 하는 상황에 놓인 것이다(Webster, 2010, 2011).

 광고를 기반으로 성장한 온라인 영역에서는 데이터를 활용한 타깃형 광고로 광고효과를 더욱 높이고 있다. 이용자의 데이터를 축

적하여 이를 기반으로 광고를 제공하는 플랫폼 사업자 입장에서는 이용자가 웹상에서 하는 행위 자체가 자산이 되는 환경이라고 할 수 있다(Pariser, 2011/2011). 스마이드(Smythe, 1977)는 수용자 상품론(audience commodity)을 통해 방송이 수용자의 시간을 담보로 하여 방송사가 광고를 수용자에게 판다고 지적한 바 있다. 현재 온라인상에서는 이용자의 행위 자체가 플랫폼 사업자들에게는 자산이자 상품 가치가 발생할 수 있는 환경이 조성된 것이다(노창희, 2018).

미디어 이용행태가 모바일 미디어 중심으로 이동하고 있음에 따라 이용자가 언제 어디서든 원하는 콘텐츠를 소비하는 것이 가능한 환경이 구축되었다. 더욱이 5G가 상용화됨에 따라 모바일 중심의 콘텐츠 소비는 지금보다 활발하게 나타날 것으로 전망된다. 이에 따라 모바일 광고 시장이 향후에도 크게 성장할 것이라 전망되고 있다(과학기술정보통신부·한국방송광고진흥공사, 2018; DMC미디어 2019).

다양한 플랫폼이 등장함에 따라 콘텐츠의 중요성은 더욱 높아지고 있다. 문제는 단순히 경쟁력 있는 콘텐츠를 확보하는 것을 넘어 플랫폼과 콘텐츠 사이의 시너지를 높이는 것이 중요해졌다는 것이다. 이러한 환경은 사업자로 하여금 혁신을 추구해야 하는 유인을 높이고 있다. 혁신 없이는 시장 내에서 살아남기 어려운 환경으로 접어든 것이다.

국내 미디어 시장은 내수시장의 경쟁력이 높은 시장으로 인식되어 왔다. 하지만 앞서 언급했던 것처럼 넷플릭스와 같은 사업자의 가파른 성장세를 고려하면 향후에는 글로벌 사업자들의 약진이 더욱 커질 것으로 보인다. 디지털 광고 시장에서는 구글과 페이스북의 영향력이 커지고 있고 제작 요소 시장에서는 해외 자본이 대거 투입되어 국내 콘텐츠 제작 시장의 공동화가 우려되고 있는 상황이다. 이제 국내 방송사업자들은 해외 자본이 대거 투입된 경쟁력 있는 국산 콘텐츠와 경쟁해야 하는 상황에 직면하게 되었다.

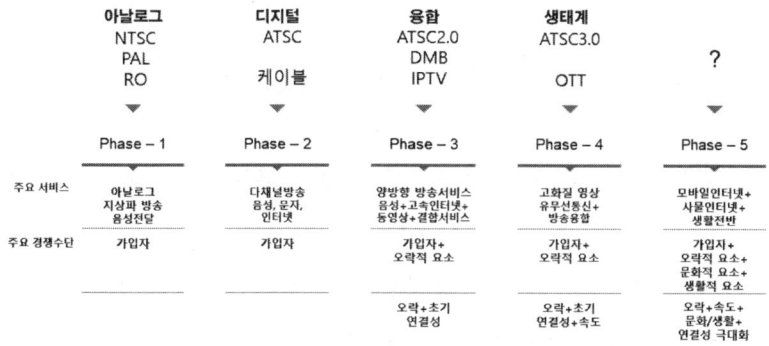

〈그림 2〉 미디어산업 패러다임 변화
출처: 미디어미래연구소 방송통신정책센터(2018)

방송산업은 방송, 통신, 인터넷 등 모든 영역의 사업자가 연계되어 있는 생태계 내에서 생존해야 하는 상황으로 접어들었다. 과거에는 방송, 통신, 인터넷의 경계가 비교적 명확했다면 갈수록 그 경계가 모호해지고 레거시는 온라인·모바일에 진출할 수밖에 없는 상황에 몰렸다. 인터넷 영역에 있는 사업자들은 동영상 제작 등 전통적인 사업자들의 전유물이었던 영역에 뛰어들 수밖에 없게 되었다. 현재 미디어 산업이 각 영역의 경계를 넘나들며 하나의 생태계를 이루었다면 향후에는 미디어 영역 자체가 생활 전반과 각종 산업 전반과 긴밀한 연관관계를 맺게 될 것으로 전망된다. 방송산업도 단일한 플랫폼이나 채널 단위로는 경쟁력을 확보하기 어려울 것이다.

2) 미디어 환경변화가 방송광고에 미치는 영향

방송이 본격적으로 산업화 된 것은 1990년대 이후라고 할 수 있다. 1990년대 이전에는 지상파 방송만이 유일한 플랫폼이자 매체로 기능했다. 우리나라의 광고산업이 산업화된 것은 대체로 1970년대로 보는 시각이 우세하다. 1970년대 후반부터 20% 이상의 고도성장을 지속해 오다가 IMF와 경기 침체를 맞이하고 난 이후 2000년대 들어서면서 정체기에 접어들었다고 할 수 있다(김봉철, 2003).

1990년대부터 IMF 이전까지는 제작 부문이 지상파로부터 독립되고 케이블TV SO가 도입되어 유료방송이 시작되는 등 많은 변화가 일어나는 시기다. 광고산업도 앞서 언급했던 것처럼 경제발전과 방송의 산업화와 함께 비약적으로 성장하는 시기로 고도성장기라고 할 수 있다. IMF 직전인 1996년에는 총광고비가 GDP 대비 1.22%를 차지하기도 했다[2](송영욱·이종태·성민, 2007). 하지만 IMF로 인해 광고산업은 크게 위축되고 많은 기대 속에 도입된 케이블TV도 IMF 여파와 방송에 대한 지불의사가 낮은 국내의 산업적 특수성으로 크게 성장하지 못하였다.

2000년대 초반부터 2008년 사이에는 케이블TV가 유료방송 플랫폼으로 자리잡고 방송광고도 안정적인 궤도로 접어드는 시기라고 할 수 있다. 이 시기는 대체적으로 방송광고와 온라인광고가 동반 성장하는 시기라고 할 수 있으며, 지상파TV는 여전히 가장 매력적인 광고매체였다. 케이블TV SO 가입자가 지속적으로 늘어나던 시기였으나 케이블TV가 지상파의 후속 창구 취급을 받을

---

2) e-나라지표:http://www.index.go.kr/potal/stts/idxMain/selectPoSttsIdxSearch.do?idx_cd=1649&stts_cd=164903&freq=Y

정도로 유료방송 PP는 지상파와 비교하면 경쟁력이 여전히 떨어지는 매체였다.

2008년 이후 현재까지는 IPTV가 도입되고 PP의 경쟁력이 크게 성장한 시기라고 볼 수 있다. 윤충한·이지훈(2018)은 지상파의 시청률이 하락하고 유료방송 PP의 시청률이 상승하면서 광고 시장에 있어 일종의 대체 효과가 존재한다고 보고 있다. 이로 인해 과거 지상파 방송사가 가지고 있었던 광고 시장에서의 지배력이 감소하고 이것이 광고 시장의 구조 변화로 이어졌다는 것이다(윤충한·이지훈, 2018).

지상파 방송의 광고는 온라인, 모바일 등 디지털 시장의 급속한 성장과 경쟁 방송 매체의 성장으로 인해 향후에도 전체 시장에서 차지하는 비중이 지속적으로 낮아질 것이라고 전망된다(박원기·이상돈, 2016). 또한, 모바일 광고가 크게 성장하여 2016년 기점으로 모바일을 포함한 온라인 광고가 전체 방송광고 시장의 규모를 넘어서는 양상을 보이고 있다(과학기술정보통신부·한국방송광고진흥공사, 2018). 지상파TV는 광고매체로서의 매력도가 크게 떨어졌고, 재원구조가 재송신, 프로그램 판매수익 등 저작권 기반 수익이 차지하는 비중이 커지고 있다.

이러한 점을 종합적으로 고려할 때 현재 방송산업은 전환기를 맞이하였다. 지상파는 실질적으로 플랫폼으로 기능을 하기 어려운 상황이며, OTT 시장에서 유튜브, 넷플릭스와 같은 글로벌 사업자의 영향력이 지속적으로 확대되고 있다. 방송광고 시장의 강자였던 지상파는 경쟁력 있는 일부 PP보다 경쟁력이 떨어지고 있다고 평가받고 있다. 지상파 입장에서 이용자의 동영상 이용행태는 OTT 쪽으로 옮겨가고 있으며, 매체 경쟁력에서는 PP와 힘겨운 경쟁을 해야 하는 상황인 것이다. 또한, 중·장기적으로 보면 지상파TV, PP 모두 온라인 영역에 광고를 상당부분 넘겨줄 수밖에 없는 상황이다. 뒤에서 지상파, PP를 중심으로 각 매체의 재원구조가 어떠한 변화를 겪고 있는지를 구체적으로 살펴보겠지만 지상파, PP 모두 과거와 같이 광고에 의존하는 형태로는 시장에서 존속하기 어려운 상황인 것만은 분명해 보인다.

〈표 1〉 방송산업의 단계에 따른 콘텐츠 산업 경쟁 특성

구 분	산업화 이전	방송산업 산업화 및 성장기		방송산업 성장기		전환기
	1990년대 이전	1990년초 – 1997년	1997년 – 2002년	2002년 – 2008년	2008년 – 2018년	2019년 –
시기 구분	지상파 중심 수직 계열화	콘텐츠 시장 독점 해체	방송산업 전환기	유료방송 성장기	융합 활성화 신유형 매체 성장	미디어 산업 전환기 (Transformation)
특성	아날로그 수직적 규제	방송의 산업화	IMF의 영향극복	디지털화 융합 초기	융합 심화	전 영역의 미디어화
주요 콘텐츠 사업자 및 특성	공영 지상파가 유일한 사업자	SBS 시장 진입 유료방송 PP 시장 진입	지상파의 독과점적 영향력 유지	유료방송 PP 성장	지상파 침체 OTT 서비스 성장	OTT 강세 스튜디오 모델
플랫폼	지상파	지상파 케이블TV	지상파 케이블TV	지상파 케이블TV	지상파 케이블TV IPTV 인터넷	지상파 케이블TV IPTV 인터넷
경쟁 상황	지상파 독점	지상파 과점	지상파 과점	지상파 과점 구조 약화 PP 산업의 성장	PP/제작사 주도의 콘텐츠 시장 OTT/MCN 등 신유형 미디어의 성장	전 영역에서 콘텐츠를 경쟁 수단으로 이용자의 주목도를 놓고 경쟁
주요 재원	수신료 광고	수신료 광고	수신료 광고	수신료 광고 프로그램 사용료	수신료 광고 재송신 대가 프로그램 사용료	수신료 광고 재송신 대가 프로그램 사용료
광고시장 특성*		고도 성장기	회복기	정체기		모바일 광고 고도 성장기

* 광고시장 특성은 이동희·정별철·강창완·오세성(2011)을 참조
노창희(2019), 권오상 외(2019 재인용)

광고산업은 사회적인 변화가 광고 제작을 통해 반영되고 정치적 상황에 따라 광고 규제가 변화하고 이것이 산업적으로도 영향을 미치는 등 다양한 영역에 영향을 받는 산업이다(윤석홍, 2005). 방송광고는 방송이 본격적으로 산업화되기 이전부터 방송산업의 중요한 재원으로 자리매김하였다. 국내에서는 1956년 광고가 텔레비전을 통해 방영되면서부터 현대 광고가 시작되었다고 평가받을 만큼 방송과 광고는 밀접한 관계를 맺어왔다(곽소윤·유승훈, 2010). 광고와 매체는 떼려야 뗄 수 없는 관계가 있고 방송과 광고는 오랫동안 상호 간의 성장에 긍정적인 형태의 영향을 주고받아온 것이다. 하지만 미디어 환경이 변화하면서 온라인 광고가 방송 광고 규모를 넘어서면서 광고에 의존하던 재원구조를 탈피해야 한다는 지적이 제기되고 있다. 한편에서는 방송 광고 시장의 정체로 광고산업이 수입을 다각화해야 하는 상황이 되었다고 평가한다(권신혜·장병희·박경우, 2017).

미디어 환경 변화는 광고를 수익원으로 하는 매체에게는 재원구조에 직접적으로 영향을 미친다. 미디어 환경 변화는 소비자의 매체 이용 행태에 영향을 주며 이는 광고주가 선호하는 매체가 변화될 수 있음을 의미하는 것이기 때문이다. 즉, 미디어 환경 변화에 따른 매체 가치 변화가 광고주의 광고비 집행에 영향을 준다는 것이다. 소비자와 미디어 이용행태뿐 아니라 사회적 환경과도 밀접하게 연관된 존재라는 측면에서 미디어 이용환경과 사회·경제적 환경은 광고와도 밀접한 연관을 맺을 수밖에 없다고 볼 수 있다(조재영, 1998).

온라인 광고의 급격한 성장은 TV, 라디오, 신문, 잡지, 옥외매체 등 5대 광고매체에 많은 영향을 미치고 있다(이희준·조창환,

2016). 뒤에서 다시 살펴보겠지만 국내에서는 디지털 영역의 광고가 방송광고의 규모를 상회한 상황이다. 하지만 광고는 여전히 전체 방송시장에서 차지하는 비중이 크며, 단기적으로는 소폭이나마 성장할 것으로 전망되고 있다(과학기술정보통신부 · 한국방공광고진흥공사, 2018).

  방송산업은 아날로그, 디지털, 융합 환경을 거쳐 방송-통신-인터넷이 융합된 생태계 속에서 경쟁하는 환경에 접어들었으며, 이는 광고전략에도 중요한 영향을 미친다. 광고주는 단일 매체를 통한 광고효과를 거두기보다는 여전히 높은 도달률을 보여주는 방송과 이용률이 높아지고 있고 타깃화가 용이한 모바일 광고 등을 효율적으로 미디어 믹스하여 종합적인 광고 전략을 통해 경쟁하는 것이 효율적이라고 판단할 수밖에 없는 상황이기 때문이다.

  미디어 환경의 변화는 중 · 장기적으로 방송산업에 있어 광고가 차지하는 비중을 줄이는 결과를 불러올 것이라는 것만큼은 분명해 보인다. 디지털 광고 시장의 성장으로 방송 플랫폼은 과거와 같이 광고주에게 매력적이지 않기 때문이다. 하지만 단기적으로는 지상파TV 광고 매출 외에 다른 채널이나 플랫폼의 광고는 소폭이나마 성장될 것으로 전망된다. 또한 방송이라는 매체가 가지고 있는 상징성을 고려할 때 광고산업에 있어 방송은 여전히 필요한 광고 매체이고, 방송산업에 있어서도 광고는 주요한 재원의 한 축으로 유지될 것이다.

3. 방송광고 산업의 현황

1) 광고 시장 현황

광고산업은 기업성장 및 국가의 경제발전에 매우 중요한 요소로 작용한다고 평가 받는다(박원기·이상돈, 2016; 이동희·정병철·강창완·오세성, 2011). 광고산업은 기본적으로 다른산업과 밀접한 관련을 맺고 있고, 다른 산업에 미치는 생산유발 효과와 부가가치 유발효과 등이 크기 때문에 국가 경제에 긍정적인 영향을 미친다고 보는 것이 일반적인 시각이라고 할 수 있다(김봉철, 2002). 국내의 경우 1998년 외환위기 이후 총광고비의 성장속도가 경제 성장 속도에 미치지 못하는 양상이 발생하고 있어 광고산업의 성장에 우려의 목소리가 제기된다(유재미·이유재, 2013; 박원기·이상돈, 2016).

한편, 광고는 제조업과 같은 다른 산업과는 달리 여러 산업과 다양하게 연결되어 있는 산업으로 기업 입장에서 소비자를 창출하는 기반이 되는 산업이라고도 할 수 있다(노병성, 1999). 방송광고는 국가의 경제적 상황과 밀접한 상관관계를 가지고 있다(김봉철, 2003; 박원기·이상돈, 2016; 이동희·정병철·강창완·오세성, 2011). 박원기·이상돈(2016)은 국내의 경우 국가 경제 성장률과 총광고비 수준이 맺고 있는 상관관계가 해외보다 더욱 높은 수준이라고 평가하고 있다. 방송광고와 같은 전통매체의 광고 매출이 줄어드는 반면, 모바일을 포함한 온라인 광고의 성장으로 전체 광고규모는 GDP와 대비할 때 일정 수준을 유지하고 있다.

〈표 2〉 전체 GDP 대비 광고비 비중

단위: %

2008	2009	2010	2011	2012	2013	2014	2015	2016	2017	2018	2019
0.76	0.69	0.73	0.77	0.78	0.77	0.75	0.75	0.74	0.74	0.77	0.79

주: 2018년, 2019년은 전망치
자료: 한국방송광고진흥공사(2013); 미래창조과학부·한국방송광고진흥공사(2014, 2015, 2016); 과학기술정보통신부·한국방송광고진흥공사(2017, 2018), GDP는 과학기술정보통신부·한국방송광고진흥공사(2018) 재인용

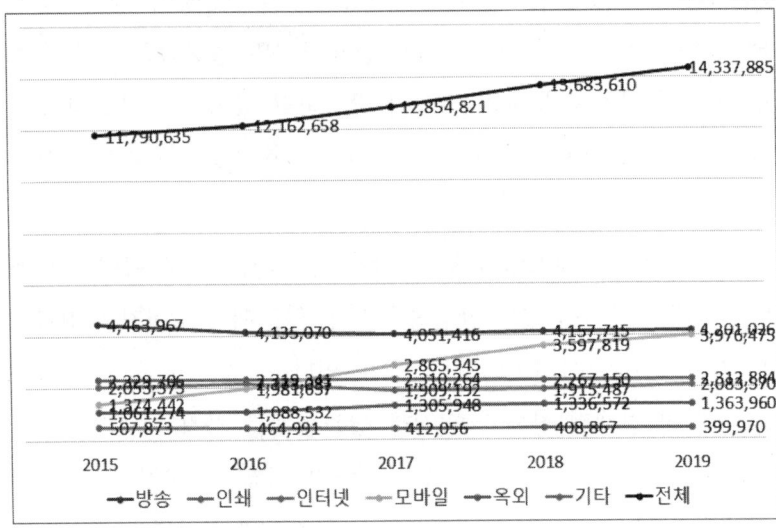

〈그림 3〉 광고시장 매체별 매출액 추이

주: 2018년, 2019년은 전망치
자료: 한국방송광고진흥공사(2013); 미래창조과학부·한국방송광고진흥공사(2014, 2015, 2016); 과학기술정보통신부·한국방송광고진흥공사(2017, 2018)

방송광고에 대해 중점적으로 살펴보기에 앞서 전체 광고 시장이 어떠한 방식으로 변화되어 왔는지를 살펴볼 필요가 있다. 현재 방송

광고가 어려움에 처한 근본적인 원인은 이용자들의 미디어 이용행태가 온라인·모바일 중심으로 변화했고 그에 따라 디지털 영역의 광고 매출이 늘어난 것에서 기인했기 때문이다.

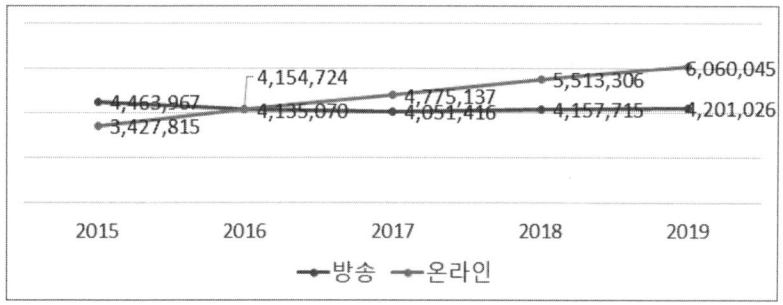

〈그림 4〉 방송광고 매출과 온라인광고 매출 비교

주: 2018년, 2019년은 전망치
자료: 한국방송광고진흥공사(2013); 미래창조과학부·한국방송광고진흥공사(2014, 2015, 2016); 과학기술정보통신부·한국방송광고진흥공사(2017, 2018)

온라인 광고와 모바일 광고를 구분해서 보면 여전히 방송광고가 광고산업 내에서 차지하는 비중은 가장 높다고 할 수 있다. 하지만 모바일 광고의 성장세를 고려할 때 향후 몇 년 안에 모바일 광고 규모가 방송광고의 규모를 넘어설 것으로 보인다. 또한, 온라인과 모바일 합친 온라인 광고 규모는 2016년을 기점으로 방송광고 규모를 넘어섰다. 방송광고 매출 감소의 가장 큰 원인은 지상파 TV의 광고매출 감소이다. 지상파의 광고는 소폭의 등락은 있었지만 2012년부터는 지속적으로 하락하는 양상을 보여주고 있다.

2) 방송 매체별 광고 비중

방송광고 추이를 보면 2015년 이후 전반적으로 정체되어 있는 양상을 보이고 있다. 방송광고가 과거에 비해 광고산업 내에서 차지하는 비중이 줄어들고 성장 전망이 어두운 이유는 지상파 광고가 지속적으로 하락하고 있기 때문이다. 방송광고 매출은 일반적으로 시청률과 밀접한 관련을 맺고 있다고 평가된다(방송통신위원회, 2018).

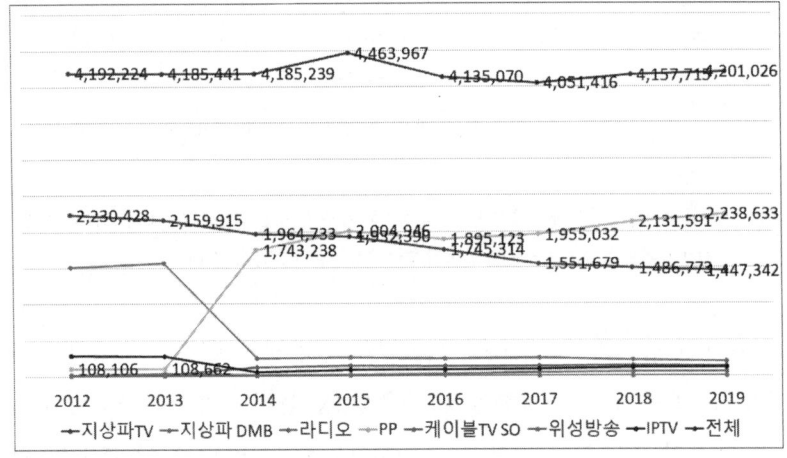

〈그림 5〉 방송광고매체별 현황

주: 2018년, 2019년은 전망치
출처: 한국방송광고진흥공사(2013); 미래창조과학부·한국방송광고진흥공사(2014, 2015, 2016); 과학기술정보통신부·한국방송광고진흥공사(2017, 2018)

지상파와 PP의 시청시간 추이를 살펴보면 지상파의 시청시간 점유율은 지속적으로 감소하는 반면, 유료방송 PP의 시청시간 점유율은 지속적으로 높아져 2015년에는 유료방송 PP의 시청시간 점유율이 지상파를 넘어서고 있는 것을 확인할 수 있다. 윤충한·이지훈(2018)의 연구에서는 지상파TV 시청률과 비지상파 시청률이 대략 1:1 수준의 대체관계를 가지고 있다고 본다. 즉, 비지상파 계열 채널 시청률이 1% 상승하면 지상파 계열 채널은 1% 정도 하락한다는 것이다.[3] 이로 인해 실제 지상파 방송사 매출에서 방송광고가 차지하는 매출은 지속적으로 감소하고 있다.

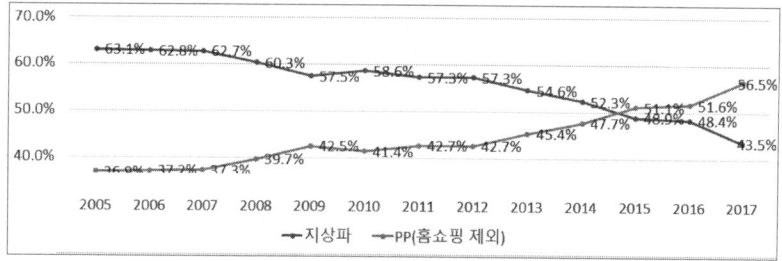

〈그림 6〉 지상파 vs PP 시청시간 추이
자료: 닐슨컴퍼니코리아; 방송통신위원회(2018) 재인용

지상파의 방송광고 매출 하락으로 인해 전체적인 방송사업매출이 지속적으로 감소하고 있다. 또한, 방송광고 매출 하락으로 인해 전체적인 재원 구성이 10년 전에 비해 크게 변화했다는 것을 알 수 있다.

2008년과 2017년 지상파 방송 재원 구성을 비교하면 광고가 차지하는 비중이 거의 30% 가까이 줄어들었다는 것을 알 수 있다. 반면, 협찬은 금액으로나 비중으로나 10년 사이에 크게 늘어났으며, 10년 전에는 없었던 재송신 대가와 프로그램 판매와 같은

---

[3] 이 연구의 회귀분석 결과의 추정계수는 -1.032이다. 즉, PP의 시청률이 1% 상승하면 지상파 계열 시청률은 -1.032% 하락한다는 결과다.

저작권을 기반으로 하는 수익의 비중은 크게 증가하였다.

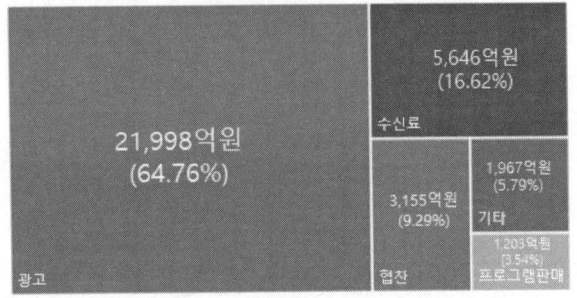

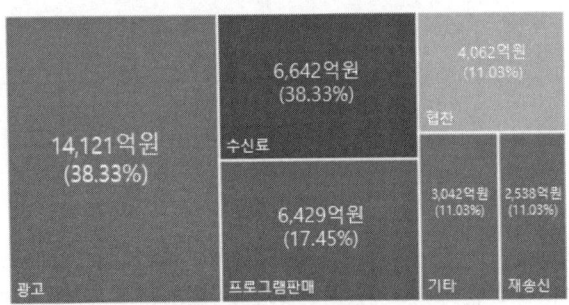

〈그림 7〉 2008년/2017년 지상파 재원구조 비교
자료: 과학기술정보통신부·방송통신위원회(2018)

지상파와 비교할 때 유료방송 PP의 매출은 광고 중심으로 꾸준히 상승해 온 것을 확인할 수 있다. 2008년과 2017년을 비교했을 때 광고 매출과 프로그램 사용료 매출 모두 크게 증가한 것을 알 수 있다. 하지만, PP의 경우에 광고가 차지하는 비중은 10년 사이에 10% 이상 감소한 것을 확인할 수 있다. 이는 방송콘텐츠 사업자가 재원구조를 다각화할 필요가 있음을 시사한다.

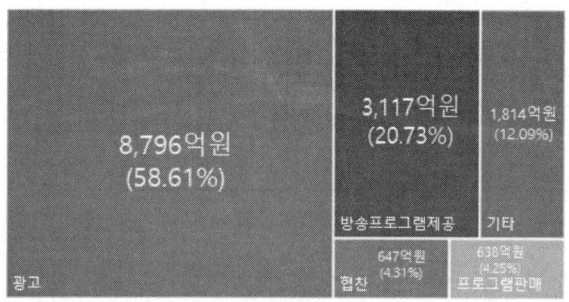

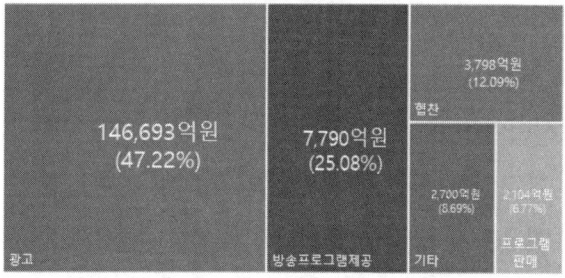

〈그림 8〉 2008년/2017년 유료방송 PP 재원구조 비교

　큰 폭으로 증가해온 VOD 매출 관련해서도 전체적인 VOD 매출 대비 VOD 광고 매출이 차지하는 비중은 갈수록 낮아지는 흐름을 보여주고 있다. 즉, VOD 구매는 늘어나고 있으나 VOD를 통한 광고는 그만큼 늘어나고 있지 않다는 것이다. 국내 미디어 산업은 전반적으로 콘텐츠에 대한 지출이 낮은 시장이라고 평가되어 왔으나, 이러한 흐름을 고려할 때 향후에는 월정액 혹은 구매 시장이 활성화될 가능성도 존재한다고 판단된다.

〈표 3〉 유료방송 VOD 매출액 현황

단위: 억 원

구분	2014	2015	2016	2017
전체 VOD 매출	5,674	6,380	7,055	7,510
VOD 광고 매출	92	84	89	96
VOD 광고 매출 비중	1.62%	1.32%	1.26%	1.28%

자료: 과학기술정보통신부·한국방송광고진흥공사(2018); 방송통신위원회(2018)

4. 광고산업 패러다임의 변화와 방송광고

1) 광고산업의 변화

미디어 환경의 변화는 광고산업의 패러다임을 완전히 변화시키고 있다. 이용자가 광고를 받아들이는 정보처리 과정 자체가 인쇄매체, 일방향 방송을 통해 광고를 접하던 환경과는 판이하게 달라진 것이다. 광고주 입장에서는 이용자의 몰입도가 높고 노출량이 늘어나고 있는 온라인·모바일 영역과 아직까지도 대표적인 광고매체로 자리 잡고 있는 방송을 모두 광고매체로 활용하고자 하는 니즈가 높아질 수밖에 없는 상황이다. 이로 인해 과거와 같이 일방향적인 광고 메시지 전달이 아닌 다양한 매체를 충분히 활용할 수 있는 통합 마케팅 커뮤니케이션(Intergrated Marketing Communication)이 갖는 중요성이 더욱 커지고 있다(이경렬·목양숙, 2012). 통합 마케팅 커뮤니케이션 능력은 광고주가 광고회사를 결정하는 중요한 요인으로 작용할 만큼 그 중요성이 높아지고 있다(이병우·김봉철·최명일, 2012). 과거와 같이 익명의 불특정 다수를 대상으로 메시지를 노출시키던 광고 집행으로는 효율적인 광고효과를 거두기 어렵게 된 것이다. 이와 더불어 이용자들이 광고를 회피하고자 하는 니즈와 이를 뒷받침할 수 있는 기술의 발전도 이어지고 있다(이서용, 2013).

온라인·모바일 환경이 기술적으로 진화함에 따라 양방향 서비스, 데이터 기반 맞춤형 서비스 등으로 인해 광고의 성격이나 효과도 과거와는 전혀 다른 차원에서 논의되고 있다. 정보통신과 미디어 기술의 발전으로 인한 광고 산업의 변화는 이미 2000년대 초부터 관심의 대상이 되어 왔다(김봉철, 2003). 단순히 광고매체의 경쟁력에 따라 광고의 물량이 다른 매체로 이전되는 현상뿐 아니라 광고주, 광고회사, 매체사 등 전통적인 광고산업의 유통구조가 보다 역동적인 형태로 변화되는 양상도 나타나고 있다(김희진, 2018). 이러한 변화를 보여주는 대표적인 사례가 크로스미디어렙의 등장과 활성화이다. 나스미디어, 메조미디어, DMC미디어와 같은 온라인 미디어렙사들은 방송과 온라인 매체를 결합하여 상품을 판매할 뿐 아니라, 데이터 분석을 통한 광고효과 측정을 통해 광고주에게 정보를 제공하는 기능까지 수행하고 있다(박종구·강신규, 2016). 전통적인 의미의 미디어렙이 매체에 대한 독점력을 기반으로 구매대행에 치중해 왔다면, 현재 온라인 미디어렙들은 다양한 매체를 어떻게 활용할지 전략을 짜는 것은 물론 데이터 분석을 통해 광고효과 분석까지 하고 있는 것이다(염성원, 2012).

온라인 영역의 광고시장이 지속적으로 커진다고 하더라도 전통적인 광고주들은 방송을 광고매체로 활용하고자 하는 니즈가 지속될 것이고, 이러한 상황에서는 온라인미디어렙사가 방송과 온라인 매체 광고대행을 같이 하는 형태가 많아질 수밖에 없다. 실제로 KT, CJ ENM, SBS와 같은 방송사들은 온라인 광고대행사를 보유하고 있으며, 이를 통해 크로스미디어 전략과 효율적인 미디어 믹스를 하는 방향으로 광고 전략을 모색하고 있는 상황이다.

2) 크로스미디어렙의 활성화와 미디어 믹스

방송광고 시장 규모가 줄어들고 온라인 광고 시장이 커지고 있으나 여전히 각각의 매체가 갖는 장점과 특성이 존재한다. 또한, 온라인 광고 시장에서 특정 매체가 강한 영향력을 바탕으로 시장을 주도하고 있어 이에 대한 비판이 지속적으로 제기되어 왔다(안대천·임수현·최화열, 2014; 염성원, 2012). 이희준·조창환(2016)은 광고효과에서 가장 중요한 요소가 미디어에 대한 몰입도, 수용자에 대한 도달률, 타깃팅 등이라고 지적하면서 TV가 수용자 도달률과 몰입 가능성이 높은 매체라면 온라인 광고는 타깃팅에 적합한 광고 형식이라고 평가한다. 이는 각각의 광고매체가 자신이 지닌 특성에 따라 창출할 수 있는 광고효과가 상이함을 시사하는 대목이다. 방송광고 시장이 위축되고 있는 것은 주지의 사실이지만 광고주나 미디어렙 입장에서 온라인 광고만을 활용할 수 없는 것이 현실이다. 이러한 이유 때문에 온라인 광고가 성장하면서 국내 방송사들은 온라인 광고사를 인수하여 크로스미디어렙을 통한 미디어 믹스를 활용하기 시작했다.

미디어 믹스는 특정 매체만으로 원하는 효과를 거두기 어려울 때 다양한 매체를 활용하는 전략을 의미한다. 온라인 영역의 광고가 성장하면서 미디어 믹스 전략의 중요성이 높아지게 되었다(박승배, 2008). 미디어 믹스는 활용할 수 있는 예산이라는 제약식이 정해져 있는 상황에서 미디어를 결합하는 것을 의미한다. 반면, 크로스미디어 전략을 활용한다는 것은 광고효과를 극대화하기 위해 각각의 미디어가 가진 장점을 고려하여 최상의 광고효과를 거두기 위한 것이라고 보는 시각도 존재한다(이서용, 2013).

KT는 나스미디어의 지분 50%를 인수하였고, 이를 계기로 나스미디어는 연간 광고 취급액이 1,000억 원을 돌파하면서 본격적으로 성장하기 시작하여 2017년 기준 취급고가 4,855억 원 규모까지 성장하였다. 나스미디어는 온라인·모바일광고와 디지털 양방향 방송광고, 옥외광고도 사업영역으로 삼고 있다(나스미디어, 2018). CJ ENM은 2012년에 메조미디어 지분 51%를 인수하였다(민경문·박시진, 2012. 11. 9). 메조미디어는 CJ ENM이 가지고 있는 방송 부문에서 경쟁력을 기반으로 성장하여 현재는 취급고가 4,000억 원 규모에 달하는 회사로 성장하였다. 광고대행뿐 아니라 디지털 마케팅 솔루션 개발도 하고 있다. SBS는 DMC미디어를 2017년에 인수했다(김현아, 2017. 9. 1). DMC미디어는 페이스북 미국 본사 글로벌 마케팅 파트너로 선정된 바 있고, 디지털 미디어렙, 광고 플랫폼, 마케팅 솔루션 사업 등을 영위하고 있다(권도연, 2017. 9. 3).[4]

---

4) http://www.dmcmedia.co.kr/notice/noticeView?dc_idx=13&dn_idx=152

<그림 9> 메조미디어 광고대행 영역
출처: 메조미디어(2019)

  한편, 2019년 4월 11일 SKT가 NHN이 보유하고 있던 지분 전량인 34.6%를 535억 원에 인수하였다. SKT는 이번 지분인수를 통해 미디어, 커머스 등 다양한 영역에서 시너지를 창출하겠다는 포석으로 이번 인수를 추진한 것으로 알려졌다. 인크로스는 2018년 기준 2,259억 원 규모의 취급고를 기록하였고, 다윈(Dawin)이라는 애드 네트워크를 개발하여 동영상 매체를 함께 광고주에게 판매하는 기술을 개발하기도 하였다(김문기, 2019. 4. 11). 방송콘텐츠 사업자뿐 아니라 방송 플랫폼 사업을 영위하는 사업자들도 크로스미디어 전략을 통해 보다 효율적으로 광고 판매를 하고자 시도하고 있다. 온라인 영역의 크로스미디어렙들은 앞서 언급했던 것처럼 단순히 광고 판매만을 하는 것이 아니라, 이용자 분석 솔루션을 개발하고 이를 바탕으로 보다 정확한 광고효과를 측정하는 역할까지 하고 있다는 측면에서 데이터의 중요성이 높아지고 현시점에서 더욱 역할이 커질 것이라 전망된다.

5. 시사점 및 제언

본 장에서는 미디어 환경 변화에 대해 살펴 보고 현재 방송산업에서 광고가 어떠한 역할을 하고 있는지 살펴보았다. 과거 가장 경쟁력 있는 광고매체였던 지상파TV는 경쟁력이 크게 하락하고 있으며, 이에 따라 방송광고 자체가 온라인과 모바일을 포함한 디지털 광고보다 규모 측면에서 열위에 놓이게 되었다. 10년 전과 비교할 때 방송 재원에서 광고가 차지하는 비중은 크게 줄어든 반면, 프로그램 판매, 재송신 대가, 프로그램 사용료와 같은 저작권 기반 수익이 차지하는 비중은 크게 증가했다. 이를 좋게 해석하면 방송사업자의 수익이 다각화되었다고 볼 수 있으나 나쁘게 해석하면 광고 경쟁력이 떨어지면서 수익을 다각화할 수밖에 없는 상황에 놓였다고도 해석할 수 있다.

모바일 중심으로 변화하고 있는 미디어 환경과 OTT 사업자들의 약진을 고려하면 향후에도 디지털 광고의 성장은 계속될 것으로 보인다. 유료방송 PP의 광고는 성장세에 있으나 디지털 시장의 광고 성장에 못 미쳐 향후 디지털 광고 시장과 방송광고 시장의 격차는 더욱 벌어질 것이다. 이에 따라 광고산업과 관련된 이해관계자들이 디지털 시장에 보다 집중할 가능성이 높다.

하지만 방송사 입장에서 광고는 여전히 중요한 재원이며, 광고매체로서도 광고주에게 방송은 여전히 중요한 의미를 지니는 광고매체이다. 광고주 입장에서 중요한 서비스를 런칭할 때 방송광고가 지니는 상징성은 여전히 대단하며 수용자 도달률 측면이나 몰입도 입장에서도 방송광고가 지니는 장점이 존재한다(이희준·조창환, 2016). 향후 방송광고의 영향력은 줄어들 수밖에 없지만 광고

매체로서 방송은 지속적으로 산업 내에서 영향을 미칠 수밖에 없다는 것이다. 쟁점은 전환기를 맞이한 미디어 산업에서 방송이 콘텐츠, 플랫폼, 광고 전략이라는 측면에서 어떻게 지속 성장의 동력을 마련할 수 있느냐 하는 것이다.

원론적인 얘기이지만 몇몇 PP의 약진을 볼 때 가장 중요한 것은 콘텐츠 경쟁력이고 콘텐츠 경쟁력은 투자가 뒷받침될 때 향상될 수 있다는 것이다. 최근 시청자의 눈높이에 부합하는 콘텐츠 품질 제고가 선행될 때 광고매체로서의 방송의 가치도 담보될 것이다. 계속해서 반복하는 얘기지만 콘텐츠 경쟁력은 방송의 본원적인 경쟁력이었고, 향후에는 이 가치가 더욱 중요해질 것이다. 다음에 언급할 OTT 플랫폼 전략 설정에 있어서도 경쟁력 있는 콘텐츠를 확보하는 것이 가장 중요하다. 이를 제일 잘 보여주는 사례가 넷플릭스의 약진이라고 할 수 있다.

플랫폼을 어떻게 활용하느냐가 중요한 관건이다. 앞서 디즈니 사례를 언급하였지만 해외 사업자들이 활발한 M&A를 하는 주된 이유 중 하나는 OTT 시장에서의 경쟁력을 강화하기 위해서이다. AT&T도 DirecTV를 인수하게 된 배경으로 OTT 플랫폼 역량을 확보하기 위해서라고 밝힌 바 있으며, 실제로 인수 후 OTT 서비스를 위한 투자를 강화해 왔다(AT&T, 2014).

국내 방송사업자들도 OTT 플랫폼에 대한 경쟁력을 높일 필요가 있다. 이미 글로벌 OTT 사업자들이 국내에서 영향력을 높여 가고 있기 때문에 OTT 플랫폼에서의 경쟁력 확보를 기반으로 재도약하는 방안을 모색할 시점이라는 것이다. OTT 플랫폼에서의 경쟁력 확보는 단순히 이용자의 이용행태를 따라가는 차원이 아니라 종합적인 미디어 전략 포트폴리오라는 측면에서 중요한 의미를 지닌다. 광고주 입장에서도 단순히 방송 콘텐츠 시장에서 안정적인 시청률을 확보할 수 있는 채널만 가진 사업자보다 타깃형 광고에서 훨씬 유리한 OTT 플랫폼에서의 경쟁력까지 같이 보유한 사업자와 거래하는 것이 훨씬 매력적일 것이다. 또한, 현재와 같이 방송사업자가 온라인 광고대행 사업자를 인수하여 미디어 전략을 함께 짜는 환경에서는 OTT 플랫폼이 가지는 가치가 더욱 높아질 것이다. 현재 국내 주요 방송사업자들은 대부분 OTT 플랫폼을 가지고 있다. 하지만 자신들이 보유하고 있는 OTT 플랫폼과 자신들이 가지고 있는 미디어 분야의 포트폴리오가 충분한 시너지를 창출하고 있다고 보기 어렵다. 현재 보유하고 있는 OTT 플랫폼의 경쟁력을 향상시키고 이를 통해 전체적인 포트폴리오의 활용성을 높이는 것은 광고 물량을 확보함에 있어서도 매우 중요한 부분이 될 것이라 판단된다.

온라인 광고 시장의 성장을 고려할 때 크로스미디어를 통한 미디어 믹스는 매우 중요하며, 앞서 살펴본 것처럼 이미 많은 방송사업자들이 온라인 광고대행사를 활용하여 광고 영업 전략을 짜고 있다. 방송에 대한 실시간 시청률이 떨어지는 상황에서는 보다 정교한 시청자의 이용행태 측정이 중요하다. 방송사 입장에서는 현재 보유하고 있거나 관계를 맺고 있는 광고대행사의 이용행태 측정 기술이나 광고효과 향상을 위한 기술을 위한 투자를 보다 강화할 필요가 있다. 이는 단순히 특정 매체의 경쟁력을 측정하는 수준을 넘어 내가 가지고 있는 콘텐츠가 방송이 아닌 다른 플랫폼에서 어떠한 맥락으로 활용되고 있는지까지 파악할 수 있는 수준이 목표가 되어야 할 것으로 보인다.

방송이 산업화된지 30여 년의 세월이 흘렀고 그 사이에 미디어 환경은 크게 변화했다. 방송산업의 성장에 있어 가장 중요한 역할을 해온 광고와 방송이 맺어온 관계 역시 변화해 왔고, 앞으로도 변해 나갈 것이다. 하지만 방송에 있어 광고는 향후에도 중요한 재원일 것이고, 광고산업에 있어서도 방송은 중요한 광고매체로 지속될 것이다. 전환기를 맞은 미디어 산업에서 방송이 여전히 중요한 플레이어로 자리매김하기 위해서도 광고 재원 확보를 위해 다양한 부분에서의 경쟁력 확보가 필요하다. 방송의 지속적인 성장을 위해서도 광고 재원 활용은 매우 중요한 부분인 만큼 이에 대한 미래지향적인 고민이 필요한 시점이라고 판단된다.

참고문헌

과학기술정보통신부·방송통신위원회 (2018). 2018년 방송산업 실태조사 보고서, 과천: 과학기술정보통신부·방송통신위원회.

과학기술정보통신부·한국방송광고진흥공사 (2017). 2017 방송통신광고비 조사 보고서, 서울: 한국방송광고진흥공사.

과학기술정보통신부·한국방송광고진흥공사 (2018). 2018 방송통신광고비 조사 보고서, 서울: 한국방송광고진흥공사.

곽소윤·유승훈 (2010). 광고산업의 경제적 파급효과 추이 분석. 『산업경제연구』 23권 6호, 2789-2810.

권도연 (2017. 9. 3). SBS, 디지털 광고 전문 기업 DMC미디어 인수. 〈BLOTER〉.

권신혜·장병희·박경우 (2017). 광고산업과 영화산업의 산업연관효과 분석. 『예술인문사회 융합 멀티미디어 논문지』 7권 7호, 671-678.

권오상·노창희·윤금낭·이수연·최민정 (2019). 방송통신 환경변화 분석 및 대응 전략 연구, 과천: 방송통신위원회.

김문기 (2019. 4. 11). SKT, NHN보유 '인크로스' 지분인수…최대주주 '우뚝'. 〈아이뉴스 24〉.

김문기 (2019. 4. 14). '디즈니 플러스' 내년 아시아 겨냥…韓 도입 가시화: 독립 또는 파트너와 함께 진출. 〈아이뉴스 24〉.

김민선 (2019. 11. 12). 넷플릭스, 국내 이용자 200만 명 돌파 추정: 와이즈앱 조사…2030 유료가입자가 69%. 〈지드넷 코리아〉.

김봉철 (2002). 광고산업의 국민 경제적 기여도 분석. 『광고학연구』 13권 1호, 25-53.

김봉철 (2003). 한국 광고산업의 구조적 특성에 관한 연구: 타 산업과의 상호

연관관계 분석을 중심으로. 『언론과학연구』 3권 2호, 77-118.

김현아 (2017. 9. 1). SBS, DMC미디어 인수..KT, CJ그룹과 디지털 광고 혈투. 〈이데일리〉.

김희진 (2018). 다매체 환경을 반영한 광고산업 분류체계 개선을 위한 일고찰. 『사회과학연구』 25권 4호, 289-320.

나스미디어 (2018). nasmedia: Company Profile.

노병성 (1999). IMF 이후 한국 광고산업의 환경변화에 관한 연구. 『한국광고홍보학보』 1권 1호, 31-68.

노창희 (2018). 데이터 기반 서비스의 부상이 미디어 이용에 미치는 영향. 『미디어 이슈 & 트렌드』 14호, 61-87.

메조미디어 트렌드 전략팀 (2018). 2018 상반기 업종 분석 리포트.

메조미디어 (2019). MezzoMedia: Company Introduction.

미디어미래연구소 방송통신정책센터 (2018). 2019년 미디어부문 10대 과제.

미래창조과학부·한국방송광고진흥공사 (2014). 2014 방송통신광고비 조사보고서, 서울 : 한국방송광고진흥공사.

미래창조과학부·한국방송광고진흥공사 (2015). 2015 방송통신광고비 조사보고서, 서울 : 한국방송광고진흥공사.

미래창조과학부·한국방송광고진흥공사 (2016). 2016 방송통신광고비 조사보고서, 서울 : 한국방송광고진흥공사.

민경문·박시진 (2012. 11. 9). CJ E&M, 모바일 광고사 메조미디어 인수. 〈머니투데이〉.

박승배 (2008). 온라인 광고와 크로스미디어 마케팅에 대한 고찰. 『한국디자인포럼』 20호, 317-326.

박원기·이상돈 (2016). 국내외 광고시장 변동 상황 분석 및 중장기 전망 연구, 과천: 방송통신위원회.

박종구·강신규 (2016). 방송통신융합시대 신유형광고 법제 정비방안 연구: 방송법령 및 미디어렙법 개정방안을 중심으로, 서울 : 한국방송광고진흥공사.

방송통신위원회 (2018). 2018년도 방송시장 경쟁상황 평가, 과천 : 방송통신위원회.

송영욱·이종태·성민 (2007). 한국의 광고산업 발전사 : 1956년 TV CF 방영 이후 시기 논의를 중심으로. 『경영사학』 22권 1호, 99-129.

안대천·임수현·최화열 (2014). 온라인 광고 상생협력 방안에 관한 연구: 전문가의 인식을 중심으로. 『언론과학연구』 14권 3호, 180-227.

염성원 (2012). 미디어렙의 업무영역 확대가 온라인 광고에 미치는 영향에 관한 탐색적 연구. 『광고연구』 92호, 54-96.

오세성 (2016). 지상파TV광고 Up-Sales를 위한 전략적 마케팅 방안 개발 연구: 잠재 광고주의 발굴 및 브랜드 경쟁력 기반으로, 서울 : 한국방송광고진흥공사.

유재미·이유재 (2013). 브랜드제휴 관점에서 살펴본 크로미디어 광고의 파급효과: TV와 인터넷검색창 결합의 크로스미디어 광고를 중심으로. 『광고학연구』 24권 1호, 85-105.

윤석홍 (2005). 정치, 경제, 사회의 변화가 광고산업에 미치는 영향. 『광고학연구』 16권 2호, 173-203.

윤충한·이지훈 (2018). 유료방송산업의 성장과 지상파방송의 위상 변화: TV 시청률과 광고수입 변화를 중심으로. 『경영사연구』 33권 4호, 73-96.

이경렬·목양숙 (2012). 뉴미디어광고에 대한 소비자 정보처리과정과 광고패러다임의 변화에 관한 탐색적 고찰: 인터넷광고, 모바일광고, 양방향 TV광고, 그리고 페이스북광고를 중심으로. 『조형미디어학』 15권 4호, 109-118.

이동희·정병철·강창완·오세성 (2011). 국내 경제산업구조 변화에 따른 광고산업의 구조변화에 대한 연구: 1990년 이후를 중심으로. 『한국광고홍보학보』 13권 4호, 190-225.

이병우·김봉철·최명일 (2012). 국내 광고주들의 광고회사 교체 결정요인에 관한 탐색적 연구. 『광고학연구』 23권 2호, 229-250.

이서용 (2013). 크로스미디어 광고의 매체 중복노출 및 통합노출효과 규명에 대한 연구: 지상파TV와 케이블TV, 온라인 광고를 중심으로, 서울 : 단국대학교일반대학원박사학위논문.

이시훈 (2010). 모바일 광고 연구경향과 이론화. 『커뮤니케이션 이론』 6권 1호, 6-49.

이희준·조창환 (2016). 매체 속성 평가에 따른 매체가치 비교 연구: 매체 광고 영향력 지수(MAIX: Media Advertising Impact Index) 개발을 중심으로. 『광고학연구』 27권 3호, 113-139.

임정일·박현수 (2018). 지상파 PCM 광고 노출효과 및 가치 분석. 『방송통신연구』 101호, 9-34.

장석권 (2015). 온라인광고 산업의 성장과 법적 과제: 온라인광고 규제 및 분쟁 사례. 『경제법연구』 14권 3호, 65-93.

조재영 (1998). 다매체시대의 광고효과연구: 소비자 – 미디어 상호작용의 중요성. 『광고학연구』 9권 4호, 239-251.

한국방송광고진흥공사 (2013). 2013 방송통신광고비 조사, 서울 : 한국방송광고진흥공사.

황창규 (1987). 한국 광고산업의 구조적 특성: 발전배경 연구를 위한 서설. 『마케팅연구』 2권 1호, 133-163.

AT&T (2014). *AT&T to Acquire DIRECTV*.

DMC미디어 (2018). 2019국내외 디지털 광고 시장 분석.

Gross, L. (2009). My media studies: Cultivation to participation. *Television & New Media* 10(1), 66-68.

Pariser, E.(2011). *The filter bubble*. 이현숙·이정태(역) (2011). 『생각 조종자들』, 서울: 알키.

Smith, M. D., & Telang, R. (2016). *Streaming, sharing, stealing: Big data and the future of entertainment*. 임재완·김형진(역)

(2018). 『플랫폼이 콘텐츠다』. 파주 : 이콘.

Smythe, D. W(1977). Communications: Blindspot of western marxism. *Canadian Journal of Political and Social Theory 1*(3), 1-27.

The Walt Disney Company (2019). *The Walt Disney Company Investor Day 2019*.

Webster, J. G. (2010). User information regimes: How social media shape patterns of consumption. *Northwestern University Law Review 104*(2), 593-612.

Webster, J. G. (2011). The duality of media: A structurational theory of public attention. *Communication Theory 21*(1), 44-67.

┎ 산업적 지속가능성을 위한
　방송영상산업의 재구조화 ┛

4장
수신료 공적재원

최믿음
KBS 공영미디어연구소

제4장

수신료 공적재원

공적 재원: 수신료와 방송통신발전기금

최믿음
(KBS 공영미디어연구소)

방송은 '**전파**를 이용해 불특정 **다수**를 대상으로 음성이나 영상을 널리 전송하는 행위(放送, broadcasting)'라는 이름이 붙여진 순간 공익성을 추구할 공적 책임을 부여받았다. 첫째로 방송의 공익성 명분은 지상파 방송사가 공공 자원인 **전파**를 수탁 받아 프로그램을 전송하므로 이러한 혜택에 상응하는 공적 책무를 이행해야 한다는 이른바 공공수탁이론(fiduciary 혹은 trusteeship theory)으로 설명되어 왔다. 또한 "소수의 방송사업자가 **다수**의 공중에게 프로그램을 일방적으로 송신함으로써 야기되는 강한 사회·문화적 영향력(주성희·김대규·김성규, 2012.12, 15쪽)"과 방송의 편재성, 침투력 등이 방송의 공공성 논리를 뒷받침한다.

그러나 가용 주파수의 유한성의 의미가 퇴색되고 방송의 영역과 경계가 모호해지는 디지털 퍼스널 미디어 시대에 들어서면서 어떤 공적 책임이 누구에게, 어느 정도 부여되는 것이 마땅한가에 대한 논의가 진행되기 시작하였다. 제4장은 이와 같은 논의의 출발점이 방송의 공적 책무 이행의 당위성이었다는 것에 초점을 맞추고, 방송산업의 지형의 변화 속에서 본연의 임무를 이행해야 할 (공영)방송의 책임과 재원 구조에 대해 이야기하고자 한다.

1. 방송법 상 방송의 공익성과 공적 책무

방송사업자가 공공 자원인 전파를 활용해 프로그램을 전송하면서 방송에 공익성 개념이 적용되었다. 개인이나 특정 집단의 사유재가 아닌 공공의 자원을 무료로 사용할 수 있는 권리와 함께 공익성 추구라는 일련의 대가성 책임이 부여된 것이다. 방송 프로그램이 전파를 타고 불특정 다수에게 전송된다는 점 역시 방송의 공적 책무 이행의 명분이 된다. 즉 단순히 공공 자원을 활용하기 때문만이 아니라, 수많은 사람들에게 일시에 영향을 미친다는 매체 영향력 관점에서도 공적 책무가 부여되는 것이다.

그렇다면 방송이 추구해야 할 공익성이란 무엇일까? 방송은 어떤 공적 책무를 이행해야 하는가? 국내 방송법 제1장의 제5조(방송의 공적 책임)와 제6조(방송의 공정성과 공익성), 제4장의 제44조에 공영방송의 공익성 개념과 책임이 언급되어 있다. 가령 방송 보도는 공정하고 객관적이어야 하고(제1장 제6조), 소수 집단이나 계층의 이익을 충실히 반영해야 하며(제1장 제6조), 한국방송공사는 국민이 지역과 주변 여건에 관계없이 양질의 방송서비스를 제공받을 수 있도록 노력해야 한다(제4장 제44조)고 명시되어 있다. 그러나 일각에서는 이러한 국내 방송법에 제시되어 있는 방송의 책무와 이행 방법 관련 규정이 적절치 않다는 우려가 제기되기도 한다. 다수의 방송법 규정이 추상적이고 관념적인 표현으로 작성되었고, 방송이 공익성을 실현하고 공적 책무를 이행할 수 있는 구체적인 기준으로서 존재하는 것이 아니라, 공익성을 해치지 않기 위한 금지 행위 위주로 나열되어 있어 규정으로서 마땅하지 않다는 지적(윤성옥, 2011)이 있다.

〈표 1〉 방송법 총칙

제1장 총칙
제5조(방송의 공적 책임)
① 방송은 인간의 존엄과 가치 및 민주적 기본질서를 존중하여야 한다.
② 방송은 국민의 화합과 조화로운 국가의 발전 및 민주적 여론형성에 이바지하여야 하며 지역간·세대간·계층간·성별간의 갈등을 조장하여서는 아니 된다.
③ 방송은 타인의 명예를 훼손하거나 권리를 침해하여서는 아니 된다.
④ 방송은 범죄 및 부도덕한 행위나 사행심을 조장하여서는 아니 된다.
⑤ 방송은 건전한 가정생활과 아동 및 청소년의 선도에 나쁜 영향을 끼치는 음란·퇴폐 또는 폭력을 조장하여서는 아니 된다.

제6조(방송의 공정성과 공익성)
① 방송에 의한 보도는 공정하고 객관적이어야 한다.
② 방송은 성별·연령·직업·종교·신념·계층·지역·인종 등을 이유로 방송편성에 차별을 두어서는 아니 된다. 다만, 종교의 선교에 관한 전문편성을 행하는 방송사업자가 그 방송 분야의 범위 안에서 방송을 하는 경우에는 그러하지 아니하다.
③ 방송은 국민의 윤리적·정서적 감정을 존중하여야 하며, 국민의 기본권 옹호 및 국제친선의 증진에 이바지하여야 한다.
④ 방송은 국민의 알권리와 표현의 자유를 보호·신장하여야 한다.

⑤ 방송은 상대적으로 소수이거나 이익추구의 실현에 불리한 집단이나 계층의 이익을 충실하게 반영하도록 노력하여야 한다.
⑥ 방송은 지역사회의 균형 있는 발전과 민족문화의 창달에 이바지하여야 한다.
⑦ 방송은 사회교육기능을 신장하고, 유익한 생활정보를 확산·보급하며, 국민의 문화생활의 질적 향상에 이바지하여야 한다.
⑧ 방송은 표준말의 보급에 이바지하여야 하며 언어순화에 힘써야 한다.
⑨ 방송은 정부 또는 특정 집단의 정책 등을 공표함에 있어 의견이 다른 집단에게 균등한 기회가 제공되도록 노력하여야 하고, 또한 각 정치적 이해 당사자에 관한 방송프로그램을 편성함에 있어서도 균형성이 유지되도록 하여야 한다.

제4장 한국방송공사
제44조(공사의 공적 책임)
① 공사는 방송의 목적과 공적 책임, 방송의 공정성과 공익성을 실현하여야 한다.
② 공사는 국민이 지역과 주변 여건에 관계없이 양질의 방송서비스를 제공받을 수 있도록 노력하여야 한다.
③ 공사는 시청자의 공익에 기여할 수 있는 새로운 방송프로그램·방송서비스 및 방송기술을 연구하고 개발하여야 한다.
④ 공사는 국내외를 대상으로 민족문화를 창달하고, 민족의 동질성을 확보할 수 있는 방송프로그램을 개발하여 방송하여야 한다.

방송이 공익성을 실현하고 공적 책임을 다하기 위한 구체적인 실행 방안이 부재한다는 문제와 함께 방송사 유형에 따른 책무가 구별되어 있지 않은 점도 개선이 필요하다. 앞서 소개된 방송법 제4장 제44조(공사의 공적 책임)는 한국방송공사가 방송의 공정성과 공익성을 실현하고, 국민 누구나 양질의 방송 서비스를 제공받도록 노력해야 한다는 공적 책무를 명시하고 있다. 그러나 한국방송공사와 그 외 방송 매체가 기본적으로 추구해야 할 공익성의 개념이 동일한 것인지, 다르다면 공익성 실현의 수준과 범위에 어떠한 차이가 적용되어야 하며 그 근거와 기준이 무엇인지 방송법에 설명되어 있지 않은 실정이다. 공영방송, 지상파방송, 종합편성방송, 보도전문방송과 그 외 케이블방송 등 방송사 유형에 따라 공적 책무가 차별적으로 부여될 수 있도록 보다 명확한 규정이 마련될 필요가 있다.

방송사 유형에 따라 공적 책무가 상이하게 정립되어야 하는 이유는 공적 책무와 방송사별 규제의 범위와 강도, 재원 지원 방안 등을 결정하는 미디어 관리·감독 체계의 문제와 연결되(어야하)기 때문이다. 예를 들어, 국내 방송법 제4장 제56조(재원)에 한국방송공사(이하 KBS)의 경비는 텔레비전방송수신료(이하 수신료)로 충당하는 것으로 규정되어 있다. 이때 수신료 금액은 어떻게 산정되어야 하며, 재원 구조 중 어느 정도의 비중을 차지하는 것이 적합한가? 약 40년 동안 2,500원으로 동결되어 온 수신료 인상 문제나 인상 시 적정 금액은 곧 KBS가 공익성을 실현하고 공적 책무를 이행하는 데 소요될 예상 재원과 맞물려 판단되어야 한다. 마찬가지로 KBS가 지원 받은 수신료 재원이 실제로 KBS가 공적 책무를 이행하는 데 쓰였는지, 사용 범위와 수준이 적절하였는지를 평가하고 그 결과를 바탕으로 다음해 수신료 지원 비중을 결정할 수도 있다.

영국의 Communication Act 2003 제264조 제4항에 따르면, 영국 공공 텔레비전 서비스의 목적은 (a)다양한 주제의 프로그램을 서비스하고(다양성), (b)다양한 시청집단의 관심사를 만족시키고(보편성), (c)시청자의 이익과 요구를 충족하기 위한 균형 있는 서비스를 제공하고(균형성), (d)콘텐츠 제작과 편집에서의 높은 품질을 유지하여 서비스를 제공하는 것으로(품질) 여기서 공공 텔레비전 서비스는 BBC, Channel 3, Channel 4, Channel 5, S4C를 의미한다. 동조 제6항은 방송의 목적을 달성하기 위해 방송사가 어떠한 행위를 이행해야 하는지 구체적으로 언급하며, 제7항은 오프콤(Ofcom)에 공공 텔레비전 서비스가 공적 책무를 이행하기 위한 비용과 재원을 검토할 의무를 부여하고 있다. 또한 오프콤은 동조 제1항과 제2항에 따라 공공 텔레비전 서비스가 방송의 목적에 부합하는 서비스를 제공하고 있는지를 조사한 검토 의견을 5년마다 보고할 의무도 지니고 있다.

그러나 국내 방송법은 방송사 유형별 공적 책임의 수준이 명확히 제시되어 있지 않을 뿐더러 책임 수행의 결과를 평가하는 대상과 구체적인 평가 방법이 생략되어 있다. 공익성 실현을 위한 공적 재원 배분의 대상과 방식도 묘연한 상황이다. 제1장에 전술되어 있는 위즈(Weeds, 2016)의 목표, 서비스, 재원 상호관계모형과 동일한 맥락에서, 다른 어느 방송 매체보다 앞장서 공익을 실현해야 할 공영방송의 공적 목표와 이행 방법이 구체적으로 명문화되어야 하며, 책무에 상응하는 공적 재원이 적절히 활용되고 있는지에 대한 점검이 필요하다. 공영방송의 공익 실현의 결과에 대한 평가나 재원의 적절성 여부는 가치 판단의 문제가 아니다. 명확한 기준과 근거에 따라 평가되어야 하며 변화가 뒤따를 수 있는 실체적인 해결 방안을 찾을 수 있어야 한다.

다음 제2절에서는 방송영상산업의 공적재원 중 수신료를 주요 재원으로 삼고 있는 국내외 공영방송의 운영 체제를 살피고, 공익에 부합하는 보편적 서비스 제공 의무를 충실히 실현하기 위해 수신료 제도가 어떠한 방향으로 개선되어야 할지 논하고자 한다. 아울러 보다 넓은 범위에서 공공의 이익을 목적으로 운영되는 방송통신서비스 지원 제도, 방송통신발전기금의 합리적인 징수 및 운용 방향에 대해 함께 이야기하고자 한다.

2. 공영방송의 주요 공적 재원, 수신료

수신료가 대다수의 국내외 공영방송의 주요 공적 재원으로서 기능하는 것은 분명하다. 그러나 모든 공영방송사가 수신료 수익을 재원으로 활용하는 것은 아니다. 일례로 MBC 문화방송은 공직선거법과 정당법에 따라 각각 선거방송토론위원 추천권과 정책토론회 중계 의무를 가진 공영방송으로 분류되지만 국민이 납부하는 수신료를 재원으로 활용할 수 없고 대부분 광고와 협찬 수익으로 운영된다. 강형철(2008)이 제시한 네 가지 공공서비스방송의 유형을 살펴보면, 공적 소유 형태로 공공서비스를 제공하는 유형(KBS, BBC, NHK 등)과 민영 소유 형태로 공공서비스를 제공하는 유형(ITV, Ch5)으로 구분된다. 또한 공적 소유 형태로 공공서비스를 제공하며 수신료 수익으로 운영된다는 점에서는 공통되나, 광고수익이 재정에 반영이 되는지의 여부에 따라 구분되기도 한다. 다음에서는 수신료 수익을 주요 공적 재원으로 활용하는 복잡재원방송(hybrid public broadcasting) 유형과 공공재원방송(public-funded broadcasting) 유형에 속하는 국내외외 공영방송사의 재원 운영 체제를 살펴보고자 한다.

〈표 2〉 공공서비스방송의 네 가지 유형

	복합재원방송 hybrid public broadcasting	공공재원방송 public-funded broadcasting	공영상업 공공서비스방송 commercial PSB	민영상업 공공서비스방송 private commercial PSB
광고수익	o	x	o	o
수신료수익	o	o	x	x
공적소유	o	o	o	x
공공서비스	o	o	o	o
사례	KBS CBC(캐나다) ZDF(독일) F2(프랑스) NOS(네덜란드) RTP(포르투갈)	BBC(영국) NHK(일본) NRK(노르웨이)	MBC Ch4(영국)	ITV(영국) Ch5(영국)

출처: 강형철(2008); 노기영 외(2008) 42쪽

1) 한국의 텔레비전방송수신료의 태동과 변화

1963년 1월 1일 시행된 『국영텔레비전 방송사업 운영에 관한 임시조치법 시행령』[1]에 따라 월 100원의 텔레비전방송시청료[2] (이후 수신료)가 징수되기 시작하였다. 이후 몇 차례에 걸쳐 인상된 수신료는 1981년 4월 컬러텔레비전 방송이 시작되면서 최종적으로 2,500원으로 인상되었다. 당시 흑백텔레비전은 컬러텔레비전과 차별적으로 인상 전 요금인 800원을 징수해오다가, 1984년 12월부터는 흑백텔레비전 소지자에게 시청료 징수를 면제해주었다.

---

1) **국영텔레비전 방송사업 운영에 관한 임시조치법 시행령 제12조(시청료)** 법 제3조의 규정에 의한 시청료의 금액은 공보부장관이 재무부장관과 협의하여 정한다. **국영텔레비전 방송사업 운영에 관한 임시조치법 제13조(시청료징수)** ①정부는 전조의 규정에 의한 수상기등록자로부터 시청료를 징수한다. 단, 각령이 정하는 자에 대하여는 시청료를 징수하지 아니한다. ②전항의 규정에 의한 시청료에 관하여 필요한 사항은 각령으로 정한다. ③제1항의 규정에 의한 시청료 징수에 관하여는 국세징수에 관한 법령을 준용한다.

2) 1989년 '텔리비전방송시청료'에서 '텔레비전방송수신료'로 명칭이 바뀜.

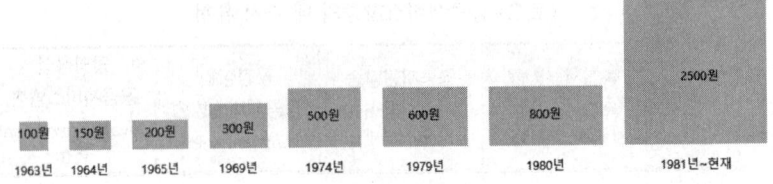

〈그림 1〉 수신료 금액의 변동

　국내 수신료는 1981년 이후 현재까지 약 40여 년 동안 2,500원으로 유지되고 있다. 기본적인 물가상승률을 차치하더라도 1981년 당시 2,500원으로 텔레비전수신료와 금액이 동일했던 신문구독료가 1999년 들어 10,000원을 돌파한 후 2008년 15,000원, 2012년 18,000원[3]으로 인상된 상황에 국내 수신료 금액의 적절성 여부는 심각하게 재고될 필요가 있다. 물론 그간 수신료 인상을 위한 움직임이 없었던 것은 아니다.

　KBS는 2002년 이후 케이블TV나 위성방송 등 경쟁 매체의 성장으로 인해 광고매출 규모가 줄어들기 시작하였고 2004년 조직 비대화 등의 문제가 겹쳐 최초로 608억 원의 적자를 기록하였다(김동규, 2010). 이에 2004년 4월 KBS가 '수신료 TF팀'을 구성하고 수신료 인상을 추진하였으나 반대여론에 부딪혀 의결되지 못하였고, 이후 2007년 7월 KBS 이사회에서 '월 4,000원, 광고재원 33% 이내 축소' 수신료 인상안이 의결되었다. 당시 수신료 인상안은 방송위원회(현 방송통신위원회)를 거쳐 국회에 상정되었지만 의결되지 못하고 계류되다가 국회임기의 만료와 함께 폐기된 바 있다(황근, 2014). 이후 2010년 11월 KBS 이사회는 수신료

---

[3] 2008년 〈조선일보〉가 구독료를 15,000원으로 인상하였고, 2012년에는 〈경향신문〉과 〈한겨레〉가 구독료를 18,000원으로 인상하였다.

1,000원 인상안을 방송통신위원회에 제출하였으나 2012년 5월 제18대 국회 임기 만료로 인해 다시 한 번 자동 폐기되었다.

새 정부가 들어선 2013년 KBS는 수신료현실화 추진위원회를 구성하고 7월에 이사회에 수신료 인상안을 상정하였다. 같은 해 12월 KBS 이사회는 수신료를 4,000원으로 인상하는 인상안을 가결하였고 2014년 2월 방송통신위원회가 이를 가결하였으나, 3월 28일 감사원의 'KBS감사결과[4]'와 4월 16일에 발생한 '세월호 참사'로 인해 KBS 수신료 인상 문제는 거버넌스 구조문제와 연계되어 정치적 갈등 양상에 돌입하며 언론과 대중의 관심에서 사라졌다(황근, 2014).

2004년, 2007년, 2010년, 2013년 네 차례에 걸쳐 제안되었던 수신료 인상안 처리 과정에서 드러나듯이, 국내 수신료 인상 여부와 금액은 현행 방송법 제4장 제65조(수신료의 결정)와 방송법 시행에 관한 방송통신위원회규칙 제17조(수신료의 결정절차)[5]에 따라 KBS 이사회가 인상안을 심의·의결하면 방송통신위원회를 거쳐 국회에서 통과되어야 최종 결정된다. 구체적으로 KBS 이사회가 수신료 금액인상안을 심의·의결한 후 방송통신위원회에 제출

---

4) 2014년 3월 감사원의 KBS 감사 결과는 ①임금구조, ②조직비대, ③규제감독 미비 차원으로 정리된다. 임금구조 차원에서 장기근속 및 퇴직격려금 지급 부적정, 과도한 임금 인상, 인건비 및 인건비성 경비 집행 부적정, 상위직급 과다 등 조직운영 부적정, 복지카드비 예산 편성 및 집행 부적정 평가가 제시되었고 조직비대 차원에서는 관리직급 및 1직급 정원 미조정 평가가 포함되며, 규제감독 미비는 이사회의 감사 견제 기능 미흡 등이 지적되었다(황근, 2014).

5) **방송법 시행에 관한 방송통신위원회규칙 제17조(수신료의 결정절차)** ①한국방송공사가 법 제65조에 따라 수신료의 승인을 얻고자 하는 때에는 다음 각 호의 서류를 첨부하여 방송통신위원회에 제출하여야 한다.1.수신료산출내역 2.시청자위원회의 의견 3.수신료에 대한 여론수렴결과 4.수신료에 대해 심의·의결한 이사회의 의결내역 ②방송통신위원회가 제1항에 따른 수신료 승인 신청 관련서류를 접수한 때에는 접수한 날로부터 60일 이내에 수신료 금액에 대한 의견서에 수신료 승인 신청 관련서류를 첨부하여 국회에 제출하여야 한다. (공고일 2008년 5월 19일)

하면, 방송통신위원회가 60일 이내에 인상안과 소정의 승인신청 서류를 검토한 후에 의견서를 국회에 제출한다. 마지막 단계로 국회가 통상절차에 따라 이를 처리하게 된다. 이전에는 KBS 이사회에서 수신료 금액을 결정하고 정부(전 문화관광부 장관)가 이를 승인하는 방식이었으나, 2000년 1월 12일 새로 제정된 방송법(법률 제6139호)에 따라 KBS 이사회가 심의·의결한 후 방송통신위원회를 거쳐 국회의 승인을 얻어 확정되는 것으로 변경되었다.

이처럼 수신료 인상 시도가 번번이 실패함에 따라 수신료는 40여 년간 동결된 상태이지만 역사적으로 수신료 징수 기준, 징수 방법, 수신료의 성격 등에 있어서는 변화가 목도되고 있다. 첫째, 수신료 징수 기준에 변화가 있었다. 이전까지는 가정에 설치된 텔레비전 수상기 대수별로 수신료를 징수해오다 1986년 이후 세대별로 징수하는 방식으로 징수 기준이 변경되었다. 즉 가정에 여러 대의 수상기가 있더라도 수신료는 한 세대에 한 번만 부과되기 시작한 것이다. 다만 가정용 수상기가 아닌 사무실, 영업장 등 일반용 수상기의 경우 소지한 대수에 따라 수신료가 부과된다.

둘째, 수신료 징수 방법에 변화가 있었다. 1994년 10월 1일부터 수신료 징수 업무를 한국전력이 위탁받아 수행하는 방식으로 징수 방법이 변경되었다. 한국전력은 전기요금 고지서에 수신료를 합산하여 청구하기 시작하였다. 이때 KBS는 수신료를 위탁 징수한 판매인 등에게 수신료 금액의 100분의 15 이내의 범위 안에서 수수료가 지급되도록 방송법 시행령 제48조(수수료의 지급)에 명문화되어 있다. 한국전력은 현재 수수료율 6.15%를 적용한 위탁 징수 수수료를 받고 있는데[6] 이를 두고 한국전력의 수수료 비중이

---

6) 한국전력의 수신료 위탁징수 수수료 요율은 1998년 5.05%로 시작해 2012년 6.15%로 인상된 후 현재까지 유지되고 있다. 최초 계약 시점인 1994년부터 1997년은 정액제로 수수료가 산정되었다(김혜인, 2019. 9. 20).

과도하다는 주장도 제기되고 있다. 과거 전기료 납부 과정에서는 TV 수상기 설치 여부 등을 검침원이 일일이 확인하던 방식이었지만 업무가 전산화, 자동화 된 현 시점에 한국전력에 지불되는 수수료가 과도하다는 것이다(김연진, 2018. 9. 27). 수신료 징수 방법에 대한 논쟁을 해결하기 위해 위탁징수 수수료 요율의 적절성에 대한 전문적인 평가와 방송법 시행령의 개정이 필요해 보인다. 합리적인 위탁방법과 위탁 시 수수료 지급 기준에 대해 전반적으로 재고찰하는 시간이 필요한 상황이다.

셋째, 1999년 헌법재판소의 수신료 부과에 관한 위헌소원사건(98헌바70)[7] 판결문에 따라 수신료의 법정 성격이 '특별부담금'으로 규정되었다. 헌법재판소는 수신료가 "텔레비전방송을 수신하기 위하여 수상기를 소지한 자에게만 부과되어 공영방송의 시청가능성이 있는 이해관계인에게만 부과된다는 점에서 일반 국민을 대상으로 하는 조세와 차이가 있으며, 실제 방송시청 여부와 관계없이 수신료가 부과된다는 점 등을 감안할 때 공사의 서비스에 대한 대가(수신허가료)나 수익자부담금으로 보기도 어렵다"고 전제하고, 따라서 수신료가 "공영방송사업이라는 특정한 공익사업의 경비조달에 충당하기 위하여 수상기를 소지한 특정집단에 대하여 부과되는 특별부담금에 해당한다"고 밝혔다. 이번 헌법재판소의 판결로 인해, 특별부담금, 시청대가로서 방송 수신허가료, 준조세적 성격 등 수신료의 성격을 두고 진행되어 오던 여러 논의가 가라앉고

---

7) 사건의 개요: 사건 청구인은 1998년 4월 21일 서울행정법원에 한국전력공사를 상대로 텔레비전방송수신료 부과처분의 취소를 구하는 행정소송을 제기하고(98구4473), 부과처분의 근거가 된 한국방송공사법 제35조, 제36조 제1항이 헌법상 조세법률주의에 위반된다고 주장하며 위헌심판제청 신청을 하였으나(98아310) 신청이 기각되자 1998년 9월 8일 헌법재판소법 제68조 제2항에 따라 해당 사건을 헌법소원심판을 청구하였다(한국방송공사법 제35조 등 위헌소원 판례집 11-1, 635쪽 일부 발췌).

수신료의 법정 성격이 특별부담금으로 분류되었다.

〈표 3〉 수신료의 태동과 변화 정리

1961. 12. 31 서울텔레비전방송국(KBS-TV) 개국
1963. 1. 1 시청료 징수개시 (월 100원)
1964 시청료 인상 (월 150원)
1965 시청료 인상 (월 200원)
1969 시청료 인상 (월 300원)
1973. 3. 3 한국방송공사(KBS) 창립 (국영방송→공영방송)
1974 시청료 인상 (월 500원)
1979 시청료 인상 (월 600원)
1980 시청료 인상 (월 800원)
1980. 12. 1 컬러TV 시험방송 실시
1981. 4. 1. 시청료 인상 (칼라TV:월 2,500원 / 흑백TV:월 800원)
1983. 9. 1 통합공과금제도(행정기관 위탁징수제도) 도입
1984. 12 .1 흑백TV 시청료면제
1986. 7. 1 가정용 TV시청료 부과기준 변경 (대수별 징수→세대별 징수)
1989. 1. 1 시청료 명칭변경 (텔레비전방송시청료→텔레비전방송수신료)
1991. KBS가 수신료 징수를 담당 (징수업무를 방송위원회에서 KBS로 이관)
1994. 10. 1 TV수신료 징수업무 한전위탁 (통합공과금제도 폐지)
1999. 수신료의 법정 성격 특별부담금으로 규정 (헌법재판소1999.5.27. 선고98헌바70결정)
2000. 1. 12. 수신료 산정 방식 변화 (KBS이사회→방송통신위원회 심의·의결→국회 승인·확정)

출처: 김동민(2003), 노기영 외(2008) 참조하여 재구성

한편 방송법 제4장 제56조(재원)와 1999년 헌법재판소의 판결

문에 판시되어 있듯이 수신료는 공영방송사업의 경비조달을 충당하기 위한 것으로 TV수상기를 가진 국민이라면 누구나 징수 의무를 부여받는다. 이는 특정 프로그램에 한해 지불되는 것이 아니라 공영방송을 운영함에 있어 소요되는 비용의 전반이 수신료로 충당되어야 함을 의미한다(노기영·권재웅·이종관·김유석·성지연, 2008). 그러나 KBS의 재원구조를 살펴보면 수신료보다 광고 및 기타 수익의 비중이 더 높은 실정이다(구체적인 재원구조는 제2절 그림2 참조). 방송법 제54조 제1항 제6호에 따라 수신료 수입의 3%를 지원받는 한국교육방송공사(EBS) 역시 2017년 기준 매출액 2,513억 원 중 수신료 수입이 181억 원에 불과한 반면 광고 수입은 355억 원에 달한다.[8]

재원의 구조와 운영 방식은 공영방송이 프로그램을 제작하고 시청자에게 전달하는 전반적인 과정에서 우선순위를 무엇으로 둘지를 결정하는 중요한 기제로 작동한다(Lowe & Berg, 2013). 수신료 재원이 공영방송에 공익 실현에 대한 책임감을 부여하여 공공재로서의 역할을 강제할 수 있는 반면(정정주, 2019), 상업적 재원의 비중이 높은 공영방송의 공영성은 점차 훼손되어 점차 공익성을 기대하기 어려워진다(권호영, 2004, 황근, 2014).

공익성 실현, 공영성 보장 등 공영방송의 본래의 목적을 유지하기 위한 가장 바람직한 방법이 재정의 독립성과 안정성 확보, 합리적인 수신료 제도 구축이라는 주장(김국진, 2009, 황근, 2014)의 연결선상에서 다음 제2항에서는 국내외 공영방송의 재원 구조의 적절성을 살펴보고자 한다.

---

8) 2017년 수신료 수입 6,462억 원 중 397억 원이 한전수수료로 지불되었고, 181억 원이 EBS에 지원되었다.

<표 4> 한국방송공사 관련 방송법

제4장 한국방송공사

제56조(재원)
공사의 경비는 제64조의 규정에 의한 텔레비전방송수신료로 충당하되, 목적 업무의 적정한 수행을 위하여 필요한 경우에는 방송광고수입 등 대통령령(방송법 시행령 제36조(재원))이 정하는 수입으로 충당할 수 있다.

제64조(텔레비전수상기의 등록과 수신료 납부)
텔레비전방송을 수신하기 위하여 텔레비전수상기(이하 "수상기"라 한다)를 소지한 자는 대통령령 이정하는 바에 따라 공사에 그 수상기를 등록하고 텔레비전방송수신료(이하 "受信料"라 한다)를 납부하여야 한다. 다만, 대통령령이 정하는 수상기에 대하여는 그 등록을 면제하거나 수신료의 전부 또는 일부를 감면할 수 있다.

제65조(수신료의 결정)
수신료의 금액은 이사회가 심의·의결한 후 방송통신위원회를 거쳐 국회의 승인을 얻어 확정되고, 공사가 이를 부과·징수한다.

제68조(수신료의 사용)
공사는 제65조 및 제66조의 규정에 의하여 징수된 수신료를 대통령령이 정하는 바에 따라 「한국교육방송공사법」에 의한 한국교육방송공사의 재원으로 지원할 수 있다.

* **방송법 시행령 제36조(재원)** 법 제56조에서 "대통령령이 정하는 수입"이라 함은 다음 각호의 수입을 말한다.
1. 방송광고수입
2. 방송프로그램 판매수익
3. 법 제54조 제2항 또는 법 제61조의 규정에 의한 정부보조금
4. 협찬 수입
5. 위성방송 등 새로운 매체를 통한 수입
6. 송신업무의 수탁에 따른 수입

7. 사채 또는 차입금
8. 전년도 이월금
9. 기타 방송업에 부수되는 수입

* 방송법 시행령 제42조(수신료의 징수)
①수신료는 다음 각호의 기준에 따라 이를 징수한다.
1. 주거전용의 주택안에 설치된 수상기에 대하여는 세대별로 1대의 수상기의 수신료만을 징수한다.
2. 제1호외의 경우에는 소지한 수상기의 대수에 따라 수신료를 징수한다.
3. 수상기를 최초로 소지한 날이 속하는 달의 수신료는 이를 징수하지 아니한다.
4. 제41조 제2항의 규정에 의하여 등록이 말소된 날이 속하는 달의 수신료는 이를 징수하지 아니한다.
5. 제44조 제1항 각호의 규정에 의한 수신료 면제사유가 해제된 날이 속하는 달 또는 제44조 제3항의 규정에 의하여 수신료가 면제된 날이 속하는 달의 수신료는 이를 징수하지 아니한다.
②수신료는 월단위로 계산하되, 1월을 1기로 하여 징수한다. 다만, 수신료의 효율적인 징수를 위하여 필요하다고 인정하는 경우에는 2월을 1기로 하여 징수할 수 있다.

* 방송법 시행령 제49조(교육방송에 대한 수신료의 지원)
 공사는 법 제68조 의 규정에 의하여 교육방송의 실시를 위한 경비를 지원하기 위하여 법 제54조 제1항 제6호의 규정에 의하여 한국교육방송공사가 행하는 방송에 대한 송신지원에 소요되는 금액과는 별도로 매년 수신료 수입의 100분의 3에 해당하는 금액을 한국교육방송공사에 지원하여야 한다.

2) 국내외 공영방송의 재원 구조

공영방송 KBS의 최근 3년간의 재무제표를 살펴보면[9], 수신료 수입은 6,333~6,595억 원으로 전체 매출액의 42.6~46% 수준이다.(〈그림2〉 참조) 수신료가 2,500원으로 최종 인상된 해인 1981년도 수신료 비중인 58.9%에 비해 수신료가 차지하는 비중이 매우 감소하였다(김해식, 1999). 이처럼 공영방송 재원 중 수신료 비중이 줄고 광고 수입 등 상업적 재원의 의존도가 높아지는 현상을 두고 과도한 시청률 경쟁과 광고주의 영향력 강화, 선정적 프로그램 증가, 오락 프로그램의 과다 공급 등의 부작용을 우려하는 목소리가 꾸준히 제기되고 있다. 공영방송의 재원이 방송법 제4장 제56(재원)에 명시되어 있듯이 수신료로 '충당'되고 있는 것인지 따져볼 필요가 있다.

〈그림 3〉은 한국 공영방송의 재원 구조와 유럽방송연맹(European Broadcasting Union, 이하 EBU)[10]에 소속되어 있는 국가의 공영방송의 2017년도 재원 구조를 비교한 것이다. EBU에 가입한 유럽 48개국, 65개 공영방송사 데이터를 바탕으로 EBU MIS(Media Intelligence Service)팀이 보고한 자료에 따르면 수신료 및 공적기금 수익의 합이 전체의 78.3%를 차지하는 것[11]으로 나타난다(EBU MIS, 2018a). 이에 비해 한국의 수신료 및 정부 보조금 수익 비중은 전체 매출액의 절반에 못 미치는 수준(46%)

---

9) KBS 2017~2019 연차보고서 참조

10) 유럽방송연맹(European Broadcasting Union; EBU)은 유럽 방송지역(유럽 및 지중해 연안의 아시아·아프리카)의 이익보호와 정보 교환을 목적으로 하는 국제 방송 단체로 1950년에 설립되었다. 유럽권역에 포함되지 않는 국가의 방송단체의 경우 준회원 자격으로 가입이 가능하다(EBU 공식 홈페이지: https://www.ebu.ch/home).

11) 2016년과 2015년도의 수신료 및 공적기금 수익의 합은 78.6%, 2014년도의 경우 78.4%로 공적 재원의 비중은 비슷한 수준으로 유지되고 있다.

이었다. 영국, 프랑스, 독일, 스위스 등 유럽 주요국의 재원 구조를 살펴보더라도 전체 재원에서 공적 재원이 차지하는 비중이 한국에 비해 상당히 높은 것을 알 수 있다. 구체적으로 독일 공영방송의 공적 재원의 비중이 전체의 88.7%를 차지하며 프랑스의 경우 81.2%, 스위스는 78%인 것으로 나타났다.

■수신료　■정부보조금　■광고　■기타

〈그림 2〉 2016~2018년 KBS 재원 구조(단위: 억 원)
출처: KBS '2017~2019 연차보고서'를 참조하여 재구성

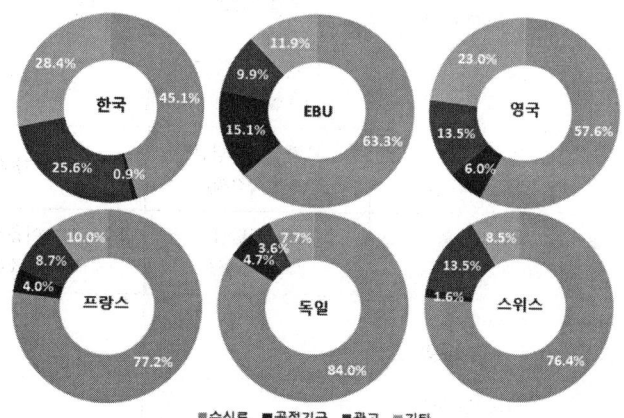

■수신료　■공적기금　■광고　■기타

〈그림 3〉 한국 및 주요 유럽 국가의 2017년도 공영방송 재원 구조
출처: KBS(2018) '2017 연차보고서',
EBU MIS(2018a) 'Funding of public service media 2018'을 참조하여 재구성

한국과 세계 주요국의 수신료 금액의 차이도 주목할 만하다. 한국이 1981년 이후 월 2,500원, 연 30,000원의 수신료를 징수하고 있는 것에 비해 EBU 소속국가의 평균 수신료 요금은 연 126.08유로로 한화로 약 165,000원에 달한다. EBU 회원국은 한국의 5배가 넘는 비용을 수신료로 납부하고 있는 것이다. 보다 세부적으로 살펴보면, 스위스의 수신료는 연 394유로로 한국의 약 17배, 독일은 연 201유로로 약 9배, 영국은 연 162유로로 약 7배에 달한다.

〈표 5〉 해외 주요국 수신료 현황

	연간 수신료	수신료 성격	부과 기준
한국	30,000원	특별부담금	TV 수상기 소유
영국	162유로 (약 212,000원)	특별부담금 /의무기여금	방송서비스 이용이 가능한 단말기 소유
프랑스	139유로 (약 182,000원)	특별부담금	TV 수상기 소유
독일	210유로 (약 275,000원)	보편 방송분담금 (특별목적세)	모든 가구
스위스	연 394유로 (약 516,000원)	보편 방송분담금 (특별목적세)	모든 가구
일본	연 15,120엔 (약 168,000원)	특별부담금 /의무기여금	방송서비스 이용이 가능한 단말기 소유
EBU 평균	연 126.08유로 (약 165,000원)	-	-
EU 평균	연 135.21유로 (약 177,000원)	-	-

출처: 한국언론진흥재단(2019.5) '신문과 방송 2019년 5월호'를 참조하여 재구성
* 환율은 2019. 9. 27. 기준

공적 재원 중 수신료의 안정성은 공영방송의 시장 점유율과 상관관계를 보인다. 아래 〈그림 4〉에 보이는 바와 같이 수신료 금액이 높을수록 해당 국가 내 공영방송(TV, 라디오)의 시장 점유율이 높은 것을 확인할 수 있다.

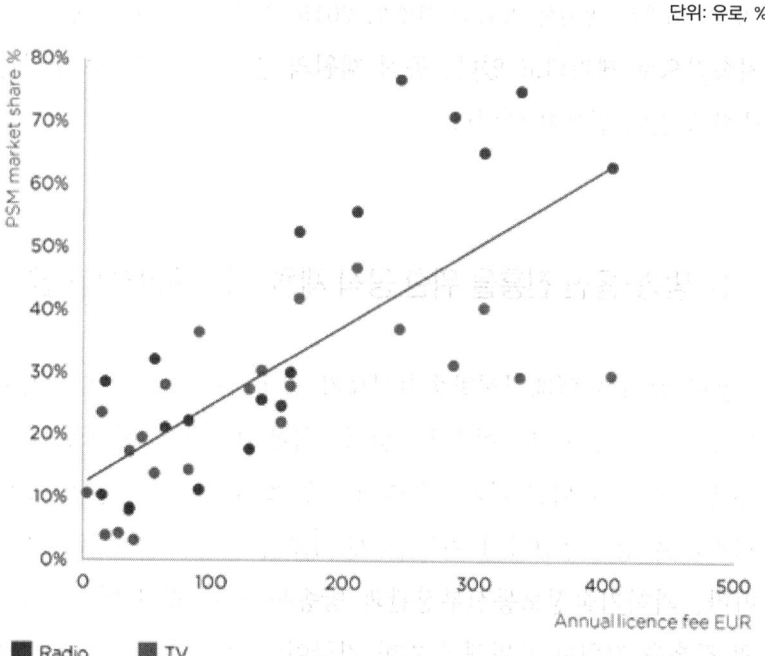

〈그림 4〉 EBU 회원국의 2017년 수신료 금액과 공영방송의 시장점유율의 관계
출처: EBU MIS(2018b). Licence Fee 2018.

약 40여 년간 월 2,500원으로 유지되고 있는 국내 수신료 금액과 '시청률 하락, 광고매출액 및 광고점유율 감소, 경쟁사업자의 입지 강화' 등으로 입증되고 있는 한국의 공영방송의 영향력 하락 사이에도 우리가 주목해야 할 유의미한 관계가 존재할 수 있다.

안정적인 재원이 양질의 프로그램을 제작할 수 있는 선결조건이라는 의견, 디지털 방송 시대에 국내 방송의 국제 경쟁력을 높이기 위해서라도 재원의 안정화가 필수라는 의견, 공영방송의 공영성은 공적 재원구조 구축에 따라 결정된다는 주장들(권호영, 2004; 김상훈·박현수, 2002; 남궁협, 1995; 노기영, 2010; 이종관, 2012; 정정주, 2019; 최민음·홍원식, 2017; 최세경, 2015; 황근, 2004)이 오랜 시간 지속적으로 제기되고 있다. 공적 재원의 중요성과 안정화 방안에 대한 고찰이 필요한 때이다.

3. 방송·통신 진흥을 위한 공적 재원, 방송통신발전기금

앞서 살펴본 텔레비전방송수신료가 공영방송의 운영에 적용되는 공적 재원인 반면, 방송통신발전기금은 방송과 통신 전반의 진흥을 위해 부과되고 관리·운영되는 공적 재원이다. 방송통신발전기금은 방송통신발전 기본법 제24조(방송통신발전기금의 설치)에 따라, 과학기술정보통신부장관과 방송통신위원회가 방송·통신의 진흥을 지원하기 위해 설치한 기금이다. 방송통신발전 기본법 시행령 제16조(기금에 관한 사무의 위탁 등)에 의거하여 한국방송통신전파진흥원이 기금의 징수와 운영 및 관리 업무를 과학기술정보통신부장관과 방송통신위원회로부터 위탁받아 진행하고 있다. 기금은 공익·공공을 목적으로 운영되는 방송통신 지원과 시청자 제작 및 미디어 교육 지원, 방송통신 국제 및 남북 교류 지원, 해외 한국어 방송 지원, 지역방송발전지원 계획수행 지원 등의 용도로 사용된다.

〈그림 5〉 EBS 〈보니하니〉 방송 장면

TV프로그램이 끝날 때쯤 제작 지원 업체 자막이 화면에 고지되는 것을 볼 수 있다. 대부분의 프로그램 제작 지원이 협찬이나 광고 등을 통한 홍보 효과를 보장받으며 이뤄지는 것과 달리, 일부 공익 프로그램은 한국방송통신전파진흥원이 지원한 방송통신위원회의 방송통신발전기금으로 제작되었음이 자막으로 표시된다.

보다 구체적으로, 기금의 징수와 운영 및 관리를 담당하는 한국방송통신전파진흥원은 2019년 방송통신발전기금의 단위사업을 〈공정경쟁 환경조성 및 안전한 인터넷 활용기반 구축〉, 〈방송인프라 지원 및 시청자 권익보호〉, 〈미디어다양성 및 방송콘텐츠 경쟁력 강화〉, 〈방송통신 운영지원〉 등 네 가지로 구분하여 관리한다(방송통신위원회, 2019. 1.).

먼저 〈공정경쟁 환경조성 및 안전한 인터넷 활용기반 구축〉 사업은 방송통신사업자의 불공정행위와 이용자 이익저해 행위에 대한 조사·단속·시정을 통한 공정경쟁 환경 조성 사업과 불법스팸 피해 방지를 위한 대응체계 구축 및 지능정보사회 이용자 보호기반 조성을 위한 사업이 포함된다. 건전한 사이버 윤리문화와 클린인터넷 이용 환경 조성을 위한 사업도 여기에 속한다.

다음으로 〈방송인프라 지원 및 시청자 권익보호〉 단위 사업에는 전 연령층을 대상으로 수준 높은 교육프로그램을 제공하고 교육·교양 다큐멘터리 제작 등 시청자 복지증진에 기여하기 위한 EBS 프로그램 제작 지원 사업이 포함된다. 또한 KBS 대외 방송 프로그램 제작 지원과 KBS 재난방송시스템 지원 사업과 방송의 공익성과 다양성 확보를 위한 시청자 방송참여활성화 지원 사업이 여기에 속한다.

〈미디어다양성 및 방송콘텐츠 경쟁력 강화〉 단위 사업에는 미디어 환경변화에 따른 시청 행태 파악을 위한 시청점유율조사와 방송시장 경쟁상황 평가, 방송광고·협찬고지 모니터링 기반 구축을 위한 사업과 장애인 방송 제작 지원 등 소외계층의 방송접근권을 지원하고 청각장애인용 자막수어방송 시스템을 개발하는 사업 등이 포함된다. 마지막으로 〈방송통신 운영지원〉 사업에는 북한 방송통신 이용실태 조사 등 남북 간 동질성 회복을 위한 남북방송통신 교류 추진 사업이나 공익채널 운영실적 모니터링 및 평가와 방송사업 허가심사 지원 사업, 방송재난관리 및 위원회 행정정보시스템 유지 관리 사업 등이 포함되어 있다.

〈표 6〉 방송통신발전기금 단위 사업별 주요 내용

단위 사업명	세부 사업명	사업 주요 내용
공정경쟁 환경 조성 및 안전한 인터넷 활용기반 구축	공정경쟁 환경 조성	- 방송통신 이용자 보호 환경조성 - 방송통신시장 조사분석
	안전한 인터넷 정보활용기반 구축	- 안전한 위치정보 이용 환경조성 - 개인정보보호 강화 - 불법스팸 대응 체계구축 - 위치정보활용 긴급구조 지원체계 강화 - 클린인터넷 이용환경 조성 - 건전한 사이버 윤리 문화 조성 - 지능정보화 이용자 기반보호 환경 조성 - 위치정보산업 활성화 기반 구축 - 불법유해정보 차단기반 마련 - 개인정보보호 전문가 육성 체계 구축
방송 인프라 지원 및 시청자 권익보호	방송 인프라 개선	- KBS 대외방송 송출지원 - EBS 방송인프라 개선
	방송프로그램 제작지원	- EBS 프로그램 제작지원 - 아리랑 국제방송 지원 - 국악방송 지원 - KBS 대외방송 프로그램 제작지원 - 지역·중소방송 콘텐츠 경쟁력 강화
	시청자권익보호 및 참여 활성화	- 시청자방송참여활성화 지원 - 시청자미디어재단 지원
미디어 다양성 및 방송콘텐츠 경쟁력 강화	미디어 다양성 및 공공성 확보	- 미디어다양성 증진 - 방송시장경쟁상황평가 - 청각장애인용 자막수어방송 시스템 개발 - 소외계층 방송접근권 보장 - 언론중재위원회 지원 - 방송통신심의위원회 지원 - 방송광고·협찬고지 모니터링 기반구축 - 방송시장 불공정행위 조사지원 - 방송시장 상생환경 조성
	방송콘텐츠 경쟁력 강화	- 방송분야 시상 - 방송평가 기반조성 - 방송광고 공공인프라 구축지원 - 혁신형 중소기업 방송광고 활성화 지원 - 방송정보 활용기반 체계화

방송통신 운영지원	방송통신 운영지원	– 방송통신융합정책연구 – 방송통신국제협력강화
	방송통신 일반 행정지원	– 국내외협력업무수행 – 행정효율성 증진 및 능력개발 – 공익채널 운영실적 모니터링 및 평가 – 법정위원회 운영 – 본부시설 운영 – 방송사업 등 허가심사 지원 – 방송재난 관리 – 행정사무정보화

출처: 방송통신위원회(2019. 1). 2019년도 예산 및
기금운용계획 개요-일반회계 방송통신발전기금.

이와 같이 방송과 통신 사업 활성화와 이용자 이익 보호 및 권익 증진 사업을 위해 조성되는 방송통신발전기금은 방송통신발전 기본법 제25조(기금의 조성)에 따라 정부의 출연금 또는 융자금, 전파법에 따른 징수금과 주파수할당 대가 및 보증금, 방송사업자의 출연금 및 법정 분담금 등의 재원으로 마련된다. 이때 전파법에 따른 징수금은 무선통신 서비스를 위해 고유한 주파수를 할당받아 통신서비스를 제공하는 이동통신사가 납부하는 기금을 뜻하며, 방송사업자의 분담금은 지상파방송사업자와 종합편성, 보도전문 채널사용사업자 등이 납부하는 기금을 의미한다. 즉 방송통신발전기금은 방송·통신 사업을 영위하는 사업자가 일정 금액을 출연한 기금이 다시 공익과 공공을 위한 사업에 재분배되도록 마련된 제도이다.

방송사의 법정 분담금의 부과기준과 징수율은 사업자에 따라 다르게 적용된다. 예컨대 지상파방송사업자와 종합편성 또는 보도전문채널사업자의 경우 전년도 방송광고 매출액의 100분의 6의

범위에서 방통위가 정하여 고시하는 징수율을 곱해 산정한 분담금을 징수한다. 종합유선방송사업자와 위성방송사업자, 인터넷 멀티미디어 방송 제공사업자는 전년도 방송서비스매출액 100분의 6의 범위에서 과기부 장관이 정하여 고시하는 징수율을 곱해 분담을 산정, 징수한다. 상품 소개와 판매에 관한 전문편성을 하는 홈쇼핑채널사용자의 경우 전년도 결산상 영업이익 100분의 15의 범위에서 과기부장관이 정하여 고시하는 징수율을 곱하여 산정한 분담금을 징수한다.

한편 과기부와 방통위가 사업 규모와 부담 능력을 고려하여 분담금을 면제 혹은 경감할 수 있으며, 방송통신의 공공성과 수익성, 방송통신사업자의 재정 상태 등을 고려하여 사업자에 따라 그 징수율을 차등 책정할 수 있다. 가령 KBS와 EBS는 방송운영의 공공성을 고려하여 기본징수율에서 3분의 1을 감경할 수 있고, 종합편성 및 보도전문 방송채널사용사업자의 경우 재정상황 등을 고려해 기본징수율에서 14.23%를 감경할 수 있으며, 중앙지상파 사업자와 종합편성 및 보도전문 방송채널사용사업자의 전년도 재무제표 상 총자본의 100분의 10을 초과하는 당기순손실이 발생한 경우에는 기본징수율의 2분의 1을 추가 감경할 수 있다.

정리하면, 방송사업자의 방송통신발전기금 분담금은 전년도 방송광고 매출액(혹은 서비스매출액/영업이익)에 최종징수율을 곱하고 여기에 감경액을 뺀 금액으로 정해진다.

분담금 =
(전년도 방송광고매출액·서비스매출액·영업이익 x 최종징수율) − 감경액

〈표 7〉 사업자별 기금 부과기준 및 징수율

구분		부과기준	징수율(2018년 기준)
방통위	지상파방송사업자	전년도 방송광고 매출액	0.3~4.3%[12]
	종편·보도채널		1.5%
과기부	SO, 위성, IPTV	전년도 방송서비스 매출액	1.5%
	홈쇼핑	전년도 결산상 영업이익	13%

지금까지 살펴본 방송통신발전기금의 바람직한 운용을 위해서는 향후 동일서비스 동일규제 원칙 적용의 필요성, 부과기준이 되는 광고매출액 범위의 적정성, 부과대상 사업자 추가 필요성 등이 논의될 필요가 있다. 첫째로 지상파방송사자의 경우 방송광고매출액에 따라 징수율이 결정되는 것과 달리 종합편성채널과 보도전문채널은 광고매출 차이를 고려하지 않고 동일한 징수율(1.5%)이 적용되고 있다. 종합편성채널 중 광고매출액이 2,000억 원이 넘는 사업자와 500~600억 원대에 머무는 사업자에 동일한 징수율이 적용되는 것은 사업자 간 형평성에 어긋날 수 있다. 뿐만 아니라 지상파방송사와 종합편성채널의 징수율에 차이가 있는 것 역시 동일서비스 동일규제 원칙에서 위배된다.

나아가 지상파방송사업자의 징수율 차등 부과 기준의 범위가 조

---

12) 0.3~4.3% 지상파방송사에 적용되는 기본징수율은 전년도 방송광고매출액이 1조원을 초과할 경우 최대 5.3%이며, 1,000억 원~1조 원 4.3%, 500억 원~1,000억 원 3.3%, 100억 원~500억 원 2.3%, 50억 원~100억 원 1.3%, 50억 원 이하는 0.3%가 적용된다.

정될 필요가 있다. 가령 방송광고매출액이 1,000억 원 초과~1조 원 이하인 지상파방송사업자에 모두 4.3%의 징수율이 적용되는 것보다는 구간별 징수율을 보다 세분화할 필요가 있다. 광고매출액이 9,000억 원인 사업자와 1,000억 원인 사업자에게 동일한 징수율을 적용하는 것은 사업자 간 형평성에 맞지 않으니, 징수율 차등 부과기준의 범위를 보다 현실성 있게 조정해야 한다는 의견이다. 한편 포털사업자, OTT, 방송채널사용사업자 등을 방송통신발전기금 부과대상 사업자로 고려해야 한다는 의견도 제기되고 있다. 김승환(2019)은 2018년 CJ ENM의 광고 매출이 5,650억 원으로 지상파 방송사의 광고 매출 3,000억 원대를 크게 뛰어넘는다는 점을 지적하면서, 방송산업에서 지대한 영향력을 발휘하며 수익을 얻고 있는 CJ ENM과 같은 거대 방송채널사용사업자를 방송통신발전기금 납부 대상 사업자에 포함시켜야 한다고 주장한 바 있다. 방송통신발전기금이 방송·통신의 진흥을 위한 공적 재원으로서 제 역할을 다하기 위해서는 기금 조성 방법의 개선은 물론 기금 활용 용도의 적합성과 정당성에 대한 고민도 수반되어야 할 것이다.

참고문헌

강형철 (2008). 방송통신 융합시대의 지상파 방송 규제. 한국방송학회 세미나: 방송통신위원회 시대, 방송의 공공성-진단과 대안 발제문.

권호영 (2004). 공영방송의 수입구성과 수신료 수준의 비교분석. 『방송문화연구』16권 1호, 149-175.

김국진 (2009). 방송통신 융합시대 공영방송 위상 정립 및 공익성 구현 방안 연구, 나주 : 한국전파진흥원.

김동규 (2010). 공영방송 재원과 책무의 재구성. 미디어 빅뱅 시대의 공영방송 책무 강화. 2010 미디어 3대 학회-KBS 공동세미나 발표집.

김동민 (2003). KBS 수신료 현실화를 위한 제언. 민주언론운동시민연합·한국방송프로듀서연합회 주최 '공영체제와 KBS 수신료 개선방안' 토론회 발제문.

김상훈·박현수 (2002). 방송광고 운영제도 개선을 위한 총량제와 중간광고의 활용. 『광고학연구』13권 5호, 137-158.

김승환 (2019). 미디어 환경 변화 따른 방송통신발전기금 제도 개선. 『방송문화』2019년 여름호, 10-26, 한국방송협회.

김연진 (2018. 9. 27). TV수신료에서 '수수료' 챙긴다며 국민 혈세 '1172억원' 챙긴 한국전력. 〈인사이트〉.

김해식 (1999). KBS 재원 정책의 방향과 과제. 『방송문화연구』11, 101-132.

김혜인 (2019. 9. 20). '경영난' KBS, 수신료 징수 위탁수수료 낭비? "방송법 따랐을 뿐". 〈미디어스〉.

남궁협 (1995). 공영방송 수신료의 안정적 확보방안에 관한 연구. 『한국문화연구』7권, 107-137.

노기영 (2010). 공영방송 재원구조와 수신료. 『방송통신연구』70호, 9-35.

노기영 · 권재웅 · 이종관 · 김유석 · 성지연 (2008). 합리적 수신료 산정방안 연구, 과천 : 방송통신위원회.

방송통신위원회 (2019. 1). 2019년도 예산 및 기금운용계획 개요-일반회계 방송통신발전기금, 과천 : 방송통신위원회.

윤성옥 (2011). 지상파방송 규제에 관한 비판적 고찰-방송법상 공적 책무와 재원 관련 규정을 중심으로. 『언론과 법』 10권 1호, 29-62.

이종관 (2012). 공영방송 재원구조와 공영방송 수신료. 미디어미래연구소. 차기정부 방송통신정책포럼 2.

정정주 (2019). 공영방송 재원구조의 단계적 제도개선 방안에 관한 연구. 『언론과학연구』 19권 1호, 146-179.

주성희 · 김대규 · 김성규 (2012). 스마트 미디어 시대 방송의 공익성에 관한 연구, 진천 : 정보통신정책연구원.

최믿음 · 홍원식 (2017). 지상파 방송의 중간광고 재도입에 대한 시청자 인식 연구. 『사이버커뮤니케이션학보』 34권 3호, 235-269.

최세경 (2015). 국내 공영방송 수신료 인상의 타당성에 관한 연구. 『방송문화연구』 27권 2호, 159-193.

한국방송통신전파진흥원 (2019). 2019년도 ICT기금사업 안내, 나주 : 한국방송통신전파진흥원.

한국언론진흥재단 (2019. 5.). 『신문과 방송』 No. 581, 서울 : 한국언론진흥재단.

황근 (2014). 공영방송 수신료제도 개선 방안: '절차적 정당성' 확보방안을 중심으로. 『경제규제와 법』 7권 2호, 92-113.

EBU MIS (2018a). *Funding of public service media 2018*. EBU.

EBU MIS (2018b). *Licence Fee 2018*. EBU.

KBS (2019). KBS 2018 연차보고서, 서울 : 한국방송공사.

KBS (2018). KBS 2017 연차보고서, 서울 : 한국방송공사.

KBS (2017). KBS 2016 연차보고서, 서울 : 한국방송공사.

Lowe, G. F., & Berg, C. E. (2013). The funding of public service media: A matter of value and values. *International Journal on Media Management 15*(2), 77–97.

Weeds, H. (2016). Is the television licence fee fit for purpose in the digital era? *Economic Affairs 36*(1), 2–20.

5장
산업재원

이종관
법무법인 세종 전문위원

산업재원

이종관
(법무법인 세종 전문위원)

1. 미디어 산업의 재원 구성

미디어 산업의 재원은 크게 직접재원과 간접재원으로 구분할 수 있다. 직접재원은 이용자가 미디어 서비스 또는 콘텐츠 이용에 대해 1물-1가의 원칙에 따라 이용의 반대급부로 지불하는 대가이며, 주로 B2C 거래 관계에서 발생하는 재원이다. 한편, 간접재원은 B2B 거래 관계에서 주로 나타나며 사업자 또는 시장 간 상대방의 자원, 기능의 효익을 이용하거나, 상대방 또는 자신의 수익창출 기여분에 대한 대가로서 지급되는 재원이다. 주로 광고비, 채널 입점료(송출수수료 등), 재송신 대가 등이 이에 해당하며, 양면시장의 특성에 따라 발생하는 재원인 경우가 많다.

<표 1> 미디어 산업의 재원 구분 및 특징

구분	개념	유형	특징	이슈
직접재원	·이용자가 콘텐츠 또는 서비스 이용에 대해 직접적인 대가로서의 재원	·콘텐츠 사용료 (예: VOD 요금 등) ·서비스 이용료 (예: 유료방송 요금 등)	·1물–1일가 방식 ·콘텐츠나 서비스의 효용 기준 ·제작비 또는 원가충당	·플랫폼 중심의 BM 형성에 따라 직접 재원의 감소 → 종량에서 정액방식(Flat rate)
간접재원	·수직 또는 수평적 시장에서 사업자 간 상대방의 자원이나 기능의 효익, 또는 상호 수익창출 기여분에 대한 대가로서의 재원	·광고비	·노출, 도달, 이용, 효과 기준 ·플랫폼 & 콘텐츠 가치 비례	·미디어 환경 변화에 따른 광고재원의 구성 변화 ·광고와 커머스의 융합
		·채널 사용료, 송출수수료(채널 입점료) ·재송신 대가 등	·양면시장 특성 ·비용 전가 및 Divide & conquer 전략 ·플랫폼 가치 비례	·플랫폼 사업자들의 경쟁병목 활용 및 경쟁제한성 ·높은 효율성

직접재원의 특징은 이용자가 서비스 또는 콘텐츠 사업자에게 직접 지불하는 형태의 재원이기 때문에 서비스나 콘텐츠가 제공하는 효용에 따라 재원의 규모가 결정되며, 1물–1가의 원칙이 전제되므로 해당 재원은 제작비 또는 서비스 제공 원가를 충당하는 목적의 재원이 된다. 그러나 미디어 산업이 과거 수직적 거래구조(제작 – 편성 – 유통 – 소비)에서 플랫폼 중심의 비즈니스 모델이 형성됨에 따라 직접재원의 비중이 감소하는 추세를 보인다. 예를 들어 과거에는 종량 기반의 과금·요금 체계 중심이었으나, 플랫폼 중심 체제에서는 정액 기반의 체계가 주를 이루고 있다.[1]

---

1) 플랫폼을 중심으로 콘텐츠 시장의 경쟁이 심화되면(콘텐츠 시장이 경쟁적 시장이 된다는 의미) 정액 기반의 요금체계로 변화하며, 이때에는 직접재원에서 간접재원으로의 재원 변화가 수반된다(조영신, 2015).

간접재원의 경우 미디어 사업자 간 상대방의 자원이나 기능 또는 수익창출 기여분에 대한 대가로서의 재원이므로 이는 이용자로부터 직접 수취하는 것이 아니라 사업자 간의 수익배분 형태로 재원의 지급 또는 배분이 이루어진다. 광고비의 경우 광고주가 매체사의 광고공간이나 시간을 이용하는 반대급부로서 매체사가 광고주로부터 수취하는 재원이긴 하나, 미디어에 대한 이용대가가 아니라 해당 매체의 도달률, 노출도, 이용자 수와 같이 광고주가 추구하는 광고효과에 매체사가 기여하는 가치에 해당하는 재원으로서 간접재원에 해당한다. 재송신 대가의 경우 콘텐츠 원작자(예: 지상파 방송사)의 저작권 가치를 이용하여 플랫폼의 가치 상승(예: 이용자 증가)에 기여하는 대가, 채널 사용료나 송출수수료 역시 채널 가치에 따라 채널 사용자의 가치 증분에 기여하는 대가로서의 성격을 갖는다. 이와 같이 간접재원은 주로 양면시장적 속성에 따라 창출되는 재원으로서 플랫폼 비즈니스가 확대될수록 간접재원의 비중이 증가하는 양상을 보인다.

우리나라 방송시장의 경우 2017년 기준 방송광고 매출은 3조 1,663억 원, 송출수수료 매출은 1조 4,093억 원 수준이며, 유료방송 수신료 매출은 3조 1,269억 원이다. 비중 측면에서 보면 방송광고 매출의 비중은 19.2%로 2013년 24.8% 대비 약 5.6%p 감소한 반면, 송출수수료는 8.5%(2.6%p 증가), 유료방송 수신료 매출은 18.9%(7.9%p 증가)를 보이고 있다.

제5장 산업재원

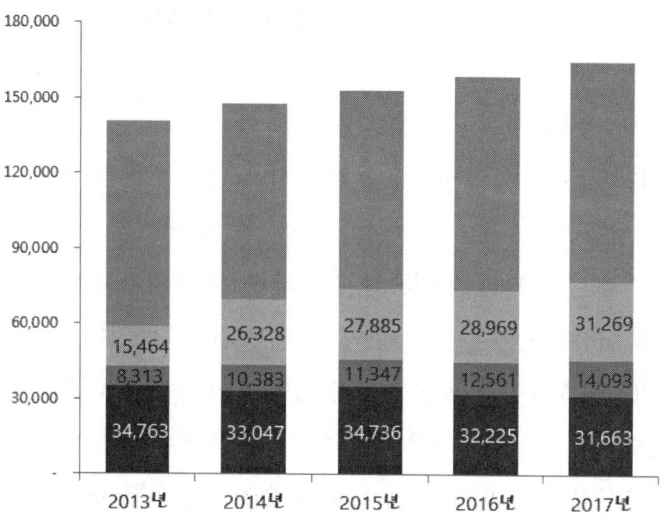

〈그림 1〉 주요 방송재원 규모 추이 (단위: 억 원)
자료 : 방송산업실태조사 보고서 각호

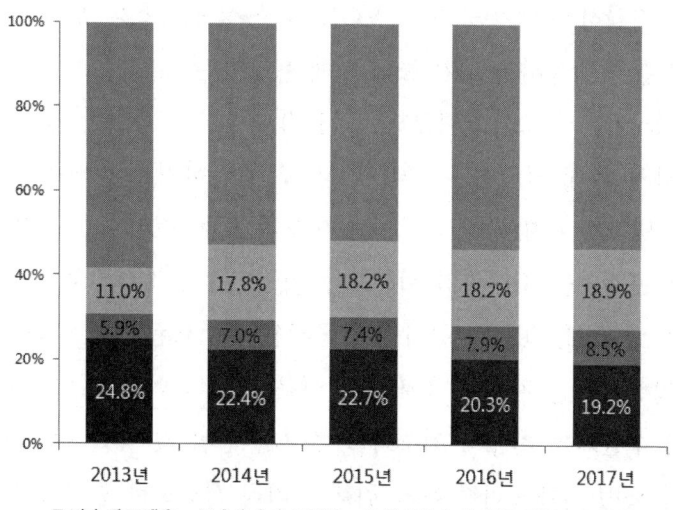

〈그림 2〉 주요 방송재원 비중 추이
자료 : 방송산업실태조사 보고서 각호

2. 플랫포밍과 미디어 재원 : 자원의 제공

1) 채널입점비 또는 공간 점유비

간접재원의 세부 유형으로 들어가서 보면, 우선 첫 번째 유형은 채널입점비 또는 공간 점유비라고 볼 수 있다. 이는 한정된 채널 또는 (노출) 공간자원을 이용하는 대가적 성격을 가짐과 동시에 플랫폼의 입장에서는 양질의 수익 재원이 된다. 예컨대 대표적으로 국내 TV홈쇼핑이 유료방송 플랫폼에 지불하는 송출수수료가 이에 해당한다. 이의 명칭은 송출수수료이지만 채널의 한계송출 비용이 사실상 0에 가까우므로 송출비용이 아닌 채널입점의 대가적인 성격을 가진다. 방송 채널에 대한 배타적 점유의 성격이 아니더라도 검색광고의 우선 노출 광고비(파워링크, 스폰서링크 등)도 이와 유사한 성격을 갖는데, 포털의 검색광고 중 우선 노출을 조건으로 지급하는 대가(광고비), VOD 등 특정 콘텐츠의 노출이 가장 큰 공간을 점유하는 대가 등이 이에 해당한다.

이를 이론적으로 살펴보면, 이용자(소비자)가 특정한 경제 행위를 하기 위해 지리적(공간적) 시장으로 접근하기 위해서는 거래비용이 발생할 수밖에 없다.[2] 즉, 이용자 또는 소비자가 특정 상품이나 콘텐츠를 소비하기 위해서는 접근비용이 소요되며, 이는 물리적 접근비용 또는 시공간적 접근비용이 소요된다고 볼 때, 이용자 입장에서는 자신이 소비하고 싶은 재화나 콘텐츠를 소비하는 데에 수반되는 비용의 최소화를 추구하게 될 것이다. 이용자(소비자)가 특정 경제행위를 하기 위해 지리적 시장으로 접근하기 위해

---

2) 예를 들어 물리적 접근비용은 어느 지역이나 공간으로 접근(market access cost)하는 데에 소요되는 비용(예: 교통비, shoe leather cost 등)에 해당한다.

서는 거래비용이 발생하게 되는데, 지리적 시장이 특정 지역에 집중 또는 인접되어 있을 때 거래비용이 가장 낮게 된다. 즉, 이용자의 지리적 분포가 균등분포를 하고 있다고 보면, 지리적 범위에서 중간 위치에 집중적으로 위치할 때 해당 시장에서의 거래비용이 가장 최적화되고 공급자 입장에서는 이윤극대화를 달성할 수 있게 된다. 실제에서도 일명 '로데오 거리'와 같은 의류상점이 특정 거점 지역에 집중적으로 위치할 때 소비자 입장에서는 비록 일부의 접근비용(access cost)이 소요되지만, 물품을 구매하는 데에 소요되는 거래비용이 가장 낮다고 볼 수 있다.[3] 즉, 다양한 물건을 비교·선택할 때 특정 지역에 집중되어 있어야 거래비용 – 일명 shoe leather cost – 이 낮아지게 되고, 판매자 입장에서도 판매자의 시장범위가 확대(잠재적 수요자의 확대)됨으로써 이윤을 증가시킬 수 있게 된다.

위의 논리를 적용해서 플랫폼 사업자의 채널이 한정된 자원이라고 가정하면 플랫폼 사업자는 채널 구성 전략을 통해 가입자 유치의 극대화를 추구하고, 채널사용자는 가장 노출도가 높은 채널번호로의 입점을 추구하게 된다. 이 과정에서 플랫폼 사업자는 노출도가 높은 채널 자원의 희소성을 활용하여 채널 입찰(bidding) 전략을 추구할 유인이 발생한다. 이를 위해서는 이용자(시청자)가 접근하기 가장 용이한 채널 대역에 입점해야 하고, 동시에 채널사용자는 입찰비용과 입점 후 기대수익을 이익형량하게 되는데, 입찰가격은 입점 후 발생하게 되는 미래 기대이익 흐름의 현재가치와 일치하는 수준이 최적 대가 수준이 된다. 우리나라 방송시장의 경

---

3) 특정 지역에 집중되어 있을 때 이용자는 해당 지역에 접근함으로써 거래비용을 최소화 할 수 있다는 의미이다.

우 재핑(=거래비용)이 특정 채널에 대한 접근 행위라고 본다면 재핑 행위가 가장 적게 일어나는, 즉, 접근 비용이 가장 적은 채널대역이 이용자가 가장 많이 집중되는 채널대역이 되고, 해당 대역에 채널을 입점시키는 것이 채널 사용자의 노출도를 극대화시키게 되는 것이다.[4]

2) TV홈쇼핑 송출수수료

TV홈쇼핑 채널의 경우 콘텐츠를 제공하는 채널이 아니므로 엄밀한 의미에서 이용자의 이용욕구를 충족시키는 독자적인 방송채널로 볼 수 없으며, 방송을 이용하여 협력사(납품업체 또는 벤더)의 상품을 판매하는 판매창구(매대)의 성격을 가지므로 일반 콘텐츠 채널과는 보완적 관계에 있다 할 수 있다. 이와 같은 이유로 지상파 채널 또는 종편PP, 인기 PP 채널과 TV홈쇼핑이 상호 같은(또는 인접한) 위치에 있을 때 시너지 효과를 기대할 수 있게 된다. 지상파 채널 · 종편PP · 인기 PP라는 주시장(primary market)을 이용하기 위해 재핑하는 이용자들이 보완적 성격의 TV홈쇼핑 채널을 시청하게 됨으로써 홈쇼핑 사업자의 매출이 확대되는 효과를 갖게 되는 것이다. 즉, 인접 콘텐츠 채널의 높은 시청률을 활용하는 것으로 이는 달리 보면 채널 간 정(+)의 외부성의 존재한다고도 볼 수 있다.[5][6] 이 경우 홈쇼핑 채널은 인접한 인기 콘텐츠 채널의 외부성을 활용하는 것으로 볼 수 있고, 해당 외부성은 송출수수료

---

4) 우리나라의 경우 소위 로우대역(채널 번호 2번~30번대)이 이에 해당.

5) 지상파 채널이나 인기 채널이 위치함으로 인해 인접 채널의 가치가 동반 상승하는 효과를 갖게 되므로 이는 채널 외부성이라 볼 수 있다.

6) 이는 주시청 시간대 직후 지상파에서 홈쇼핑 또는 케이블TV 채널로 이동하는 패턴에서도 실증될 수 있다.

라는 경제적 가치로 내부화·구체화되는 것이라 볼 수 있다. 채널 편성권을 갖고 있는 플랫폼 사업자 입장에서는 채널 간 외부성을 활용하여 입점 대가 형식으로 구체화하고, 이를 경제적 대가로 수취하는 것이 송출수수료라고 할 수 있다. 이와 같은 TV홈쇼핑 송출수수료는 플랫폼 사업자에게 안정적 수익재원이 되며, 플랫폼 사업자의 입장에서 송출수수료는 일종의 '특별이익'과 같이 작용하므로 경상비용과 관계없이 송출수수료는 외변수적 성격을 가진다.[7]

국내 유료방송 시장에서 2017년 기준 TV홈쇼핑 7개사가 지급한 송출수수료는 1조 3,093억 원으로 2013년(9,710억 원) 대비 약 35% 증가하였으며, 전년 대비 증가세 또한 높아지고 있다('17년 10.7% → '18년 17.8%). 이는 국내 유료방송 플랫폼의 규모가 커짐에 따라 홈쇼핑 채널의 노출도가 증가하며, 종편PP 및 대형 인기PP가 많아지면서 인접 콘텐츠 채널의 시청률이 높아진 것에 기인한다고 볼 수 있다. 또한 데이터홈쇼핑 사업자가 본격적으로 사업을 강화하면서 효과성 높은 채널에 대한 수요가 급증한 것 역시 이러한 송출수수료 증가의 원인이 될 수 있다. 또한 지상파 인접 채널의 선호도가 상대적으로 낮아지는 경향과 더불어 인기 PP가 증가하면서 홈쇼핑 채널의 입점 희망 대역이 넓어지는 효과 역시 송출수수료 증가의 원인이 되었다.

---

7) 송출수수료는 플랫폼 사업자의 편성전략에 따라 그 규모가 달라질 수 있으나, 원칙적으로는 플랫폼 사업자의 투자나 비용과는 관계없이 채널 간 외부성에 의해 창출되는 재원이므로 외변수적 성격을 갖는다고도 할 수 있다.

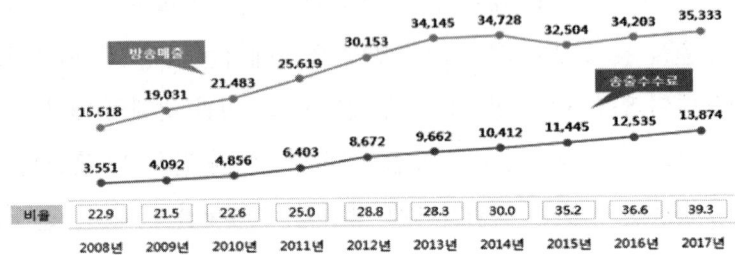

〈그림 3〉 홈쇼핑 사업자의 방송매출 및 송출수수료 지급액 (단위: 억 원)
자료 : 방송산업실태조사보고서

간접재원 중 입점료 성격의 간접재원이 증가하기 위해서는 채널과 같은 입점 공간의 희소성이 존재해야 하며, 입점 대상 간 입점효용의 격차가 클 때 입점료가 증가하게 된다. 국내 유료방송의 경우 30번대 이상부터는 사실상 외부성이 존재한다고 보기 어려울 정도로 시청률이 급락하는 모습을 보이는데, 이는 이용자들이 감내하는 거래비용(예: 재핑)은 20번대까지라는 의미로 해석될 수 있다.

〈표 2〉 채널변경에 따른 홈쇼핑 매출 증감 추정 (단위: 백만 원, %)

구분		채널 개선 SO	채널 악화 SO	
변경 내용		A급 → S급	S급 → A급	S급 → 준S급
변경 전 매출액		202	26	40
변경 후 매출액		282	10	36
명목증감	금액	80	-16	-5
	비율	39.4	-61.2	-11.3
실질증감	금액	84	-13	-3
	비율	41.6	-49.3	-6.4

출처: 공정거래위원회(2011.8.2.). 의결 제2011-135호, 12쪽.

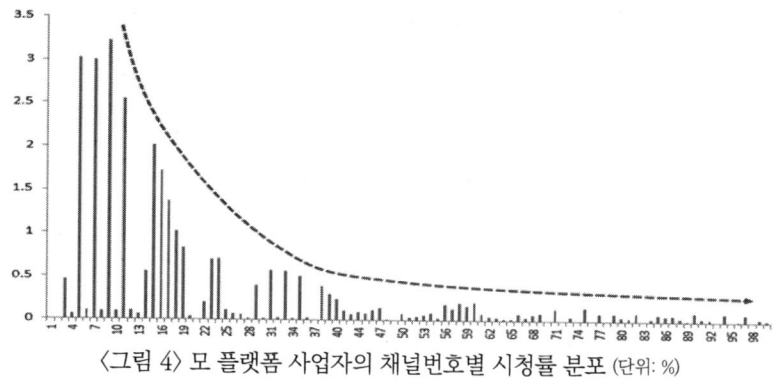

〈그림 4〉 모 플랫폼 사업자의 채널번호별 시청률 분포 (단위: %)

주) 채널별 연평균 가구 시청률 기준 / 자료: 이종관(2019)

송출수수료와 같은 채널입점을 위한 입찰 방식은 경매와 유사한 방식으로 이루어진다. 즉, 원칙적으로 플랫폼 사업자와 홈쇼핑 사업자 간의 협상에 의해 송출수수료 수준이 결정되긴 하지만, 최고가 입찰 희망자에게 채널에 대한 배타적 입점이 이루어진다는 것에서 보면 사실상의 경매와 유사한 거래 및 대가 결정 방식이 이루어진다는 것이다. 일반적인 송출수수료 계약 방식을 입찰(bidding) 또는 최고가봉인경매(First price sealed bid)라고 가정하면, 이는 공통가치 모형(common value model)에 해당된다.[8] 공통가치(common value) 모형이란 경매 대상(채널)에 대한 가치가 입찰자에게 공통적으로 인정되긴 하나, 참여자 모두는 정확한 가치를 알지 못하여 타 입찰자의 입찰 행위를 자신의 입찰 가격 결정을 위한 정보로 활용하는 모형을 말한다.[9] 이 경우 참여자가 얻는

---

8) 최근 국내 유료방송 플랫폼 사업자들은 홈쇼핑 사업자를 대상으로 입찰 방식을 적용하는 것으로 알려져 있다.

9) 예를 들어 홈쇼핑 사업자가 특정 채널에 입점하는 경우 공통적으로 관심 대상이 되는 가치는 인접 채널에 어떤 방송사(지상파 또는 PP)가 편성되고 그들의 시청률에 대한 정보가 되는데, 이들 채널의 인접 채널에 편성되어 얻는 이득이나(공통가치), 제반 시장 경쟁상황 및 상품 소싱 전략

공통가치는 확률밀도함수에 의하여 결정되며, 특정 입찰자는 공통가치에 대한 정보(signal)는 동일한 조건부 함수에 의해 결정된다. 즉, 타 입찰자의 정보(signal)를 보고 자신의 가치를 판단하게 된다는 것이고, 어떤 입찰자가 높은 입찰가격 정보(signal)를 받는다면, 타 입찰자 역시 높은 입찰가격 정보를 받게 된다. 따라서 공통가격 모형에서 높은 입찰가격 정보를 받는다는 것은 해당 채널에 대한 가치를 높게 평가(승자가 될 확률이 높음을 의미)하게 된다는 것과 동일하다. 높은 입찰가격 정보를 받는 자가 결국 높은 입찰가를 제시하게 되고, 이는 어떤 입찰자가 승자가 된다는 것은 자신이 받은(또는 갖고 있는) 입찰가격 정보가 타인이 받은 정보보다 크다는 것이고, 이는 자신이 타 입찰자에 비해 공통가치를 낙관적으로 판단하여 높은 가격을 제시하게 된다는 것이다. 홈쇼핑 사업자 입장에서 보면, 특정 채널이 자신에게 주는 가치는 타 사업자들의 실적과 자신의 실적 관련 정보, 입찰 경쟁률, 타 사업자들이 특정 채널에 대한 입찰 정도(강도) 등을 고려하여 입찰가격을 결정하게 되는 것이다.[10]

이나 비용 등에 의해 정확히 가치를 판단할 수 없거나, 부분적인 정보만 획득 가능한 경우이다.

10) 현실에서는 플랫폼 사업자와 홈쇼핑 사업자 간에 정보비대칭성이 존재하고, 입찰자 간에는 정보비대칭성 하 가격경쟁이 존재하게 된다. 이러한 이유로 자칫 송출수수료 입찰에서는 승자의 저주(winner's curse)도 발생할 수 있다.

3. 플랫포밍과 미디어 재원 : 양면시장(two-sided market)

1) 양면시장의 정의 및 특징

미디어 및 방송시장의 주요 구조적 특징은 플랫폼 기반의 양면시장이라는 것이다. 양면시장의 정의는 사업자(플랫폼)가 두 종류(또는 이상)의 상이한 이용자 그룹들에게 이용 또는 거래 플랫폼을 제공하는 시장이다. 개념적 측면에서 가장 중요한 것은 이용 또는 거래 '플랫폼'을 제공한다는 것, 즉, 이용자 관점에서는 플랫폼을 이용하지만, 실제로 소비 또는 효용을 제공하는 상품은 플랫폼 사업자가 제공하는 것은 아니라는 것이다. 플랫폼 사업자는 양측의 거래 또는 상호작용(매개 등)이 발생할 수 있는 환경과 편의를 제공하는 것으로, 플랫폼을 중심으로 복수 그룹의 이용자가 형성된다. 구조적 측면에서 가장 중요한 것은 이용자들은 플랫폼을 매개하지 않으면 양측의 이용자 그룹들 간에 거래나 상호작용이 발생하지 못한다는 것이다. 따라서 플랫폼을 통해 거래 또는 상호작용하는 각각의 이용자 그룹이 존재할 때 플랫폼은 거래비용을 절감(플랫폼이 없다면 거래나 상호작용이 불가능 또는 매우 높은 수준의 거래비용을 지불)할 수 있게 되고, 이용자와 공급자(양측 단에 존재하는 거래 그룹) 간의 효율적인 거래가 성사되는 것이다.

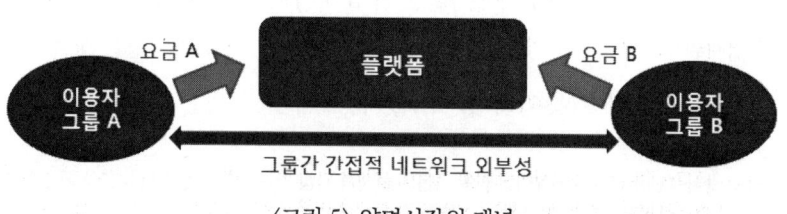

〈그림 5〉 양면시장의 개념

양면시장의 특징에는 첫째, 상품 또는 서비스에 대해 상호 구분되는 복수 이상의 고객이 존재해야 하며, 둘째, 이와 같은 상품 또는 서비스가 존재하기 위해서는 복수 그룹의 고객이 동시에 필요하고, 셋째, 고객 그룹 간에 양(+)의 간접적 네트워크 외부성이 존재해야 한다는 것이다.[11] 결국 양면시장이란, 상품 또는 서비스의 거래 또는 경제적 상호작용을 위해 서로 다른 그룹의 이용자들이 동일한 플랫폼을 이용하며, 이들 그룹 간 네트워크 외부효과의 발생이 플랫폼의 가치 및 시장성과를 결정짓는 구조를 갖는 시장으로 정의된다.

양면시장이 제공하는 기능(거래적 관점에서의 기능)에는 중개(match maker) 기능, 이용자 모집(audience builder) 기능, 비용 분담(cost share) 기능이 있다(Evans, 2008). 우선 중개 기능은 유료방송 플랫폼, 포털, 전자 상거래, 홈쇼핑, 미디어렙 등과 같이 양측의 거래 주체 간에 거래가 성사될 수 있도록 거래를 중개해주는 기능을 말한다. 이용자 모집 기능은 신문, 방송, 포털 등과 같이 어떤 재화나 상품의 공급자를 대상으로 그 상품이나 재화를 이용하려는(또는 잠재적으로 이용할 수 있는) 자를 모집하는 기능을 말한다. 한편, 비용 분담 기능은 주로 S/W 플랫폼에서 나타나는데 개발자의 비용을 분담하도록 하는 기능을 의미한다. 미디어나 방송의 관점에서 보면 양면시장(플랫폼)의 주된 기능은 중개와 이용자 모집 기능이며, 특히 재원 형성 과정에서는 중개 기능(이때의 재원은 간접재원으로써 수수료적 성격을 갖는다. 즉, 중개 수수료와 유사한 성격인 것이다)이 중요한 기능이라 할 수 있다.

---

11) 간접적 네트워크 외부성이란 한쪽 그룹의 플랫폼 가입 또는 이용의 증가가 다른측 그룹의 편익을 증대하는 효과, 즉, 단측의 이용자가 플랫폼 이용으로부터 느끼는 가치가 다른 쪽 이용자 수와 함께 증가한다는 것을 말한다(= positive feedback loop).

2) 양면시장과 방송미디어 및 재원

전술한 바와 같이 양면시장의 유형 중 미디어 및 방송시장에 해당하는 유형은 전자상거래, 포털, 시장, 미디어렙 등이 대표적이며, 양측의 시장 참여자 간에 거래를 연결 또는 중개 유형에 해당한다. 이는 한측의 상품 또는 콘텐츠 등의 제공자와 다른 한측의 소비자·이용자 간에 거래를 연결시키는 기능이며, 공급자(CP 등)와 소비자가 많을수록 플랫폼 가치가 상승하게 되고, 동시에 거래 성사 확률이 높을수록 플랫폼 가치가 상승하게 된다. 이때 플랫폼의 주된 수입은 거래 수수료의 성격을 갖는다. 한편, 이용자 모집 기능의 경우 방송, 신문, 잡지, 인터넷 포털 등과 같은 양면시장의 전형적인 비즈니스 모델 유형인데 한 측에서 콘텐츠를 생산하거나 구매하여 독자·시청자를 확보하고, 이를 기반으로 광고 수익을 창출하게 된다. 광고기반 미디어의 수익은 대부분이 광고로부터 발생하며, 독자·시청자 측에는 콘텐츠가 한계 비용보다 낮거나 무료로 제공되는 경우가 대부분이다.[12]

양면시장의 구조를 갖는 미디어 또는 방송사업자의 경우 재원, 수익을 극대화하기 위해 시장구조의 특성을 활용하는 사업전략을 채택, 운용하게 된다. 예를 들어 양면시장의 세부 구조를 양측 참여자 모두가 싱글호밍(single homming) 하는 경우와 한측은 싱글호밍, 다른 한측은 멀티호밍(multi homming) 하는 경우, 양측 모두 멀티호밍 하는 경우로 구분할 수 있는데, 첫 번째 및 두 번째 경우(대부분의 현실적인 상황)는 경쟁적 병목(competitive bottleneck)이 형

---

12) 이 외에 거래 수단을 제공하는 유형이 있는데, 이는 상품·서비스 제공자와 이용자 간 거래 수단을 제공하는 형태이다. 신용카드, 핀테크(지급결제 기능에 국한)와 같이 공급자와 소비자 간의 거래 수단을 제공하는 유형에 해당한다.

성되며, 이는 플랫폼 사업자들이 싱글호밍 이용자들을 확보하기 위해서 경쟁함과 동시에 확보한 이용자들에 대한 접근 허용권을 기초로 멀티호밍 측에 대해서는 일종의 독점력을 갖게 된다. 직관적으로 생각해 보아도, 플랫폼 사업자가 유일한 이용자 접점을 갖고 있는 경우 경쟁적인 콘텐츠 사업자에 대해서 독점력을 갖게 되는 것과 동일한 이치이다. 플랫폼 전략에서는 싱글호밍 구간(예: B2C 이용자 접점구간)을 장악하여 멀티호밍하는 자(예: B2B 콘텐츠 사업자)에 대해 독점력을 행사하는 것이 목표이자 이윤 극대화 방식이 되는 것이다. 아마존의 플라이휠(Flying cart wheel) 전략[13]이 대표적이며 구글과 유튜브 역시 이러한 플랫폼 전략을 갖고 있다.[14]

양면시장에서 서비스의 요금이나 대가가 결정되는 메커니즘은 양측 간에 가격차별이 가능하다는 것이 특징이다. 즉, 양면시장에서의 플랫폼 사업자는 양측의 이용자 그룹에 대해 각각 별개의 가격 또는 이용요금 책정이 가능하다는 것이다(Caillaud & Julien, 2003). 이는 양측 시장 간에 네트워크 외부성이 존재하기 때문이며, 플랫폼 사업자의 핵심적인 가격전략은 각개격파(divide-and-conquer)의 특성을 갖게 된다. 즉, 시장의 한쪽에서는 참여자에게 보조금을 지급하고(divide), 반대편에서 손실을 보전(conquer)하는 전략을 취하는 것이다.[15] 예를 들어 이용자에게는 무료로

---

13) 아마존의 플라이휠 전략은 1차적으로 제품의 종류를 확대하여 고객 경험을 높인 후, 이를 기반으로 고객 수(방문자 수)가 증가하면 다시 판매자 수가 증가(간접적 네트워크 외부성)하게 되고, 이렇게 되면 낮은 비용이 가능해지며 이는 다시 가격을 낮출 수 있는 요인이 된다는 것이다. 이와 같이 양측의 시장(제품/판매자와 고객 수)이 상호 간접적 네트워크 외부성 또는 positive feedback loop이 존재할 때, 한쪽 시장(싱글호밍)을 장악하게 되면 다른 쪽 시장에 대해서도 독점력을 발생시킬 수 있게 된다.

14) 박정준(2019). 『나는 아마존에서 미래를 다녔다』. 한빛비즈 : 서울, p.155

15) 한측의 시장에서는 보조금을 지급하거나 무료로 서비스 이용을 가능케 함으로써 참여자 수

검색결과를 제공하면서 CP로부터는 광고요금을 받는 구조나, Netflix의 한달 무료 프로모션이나, 무료 게임앱의 In-app 결제 방식 등이 이러한 대표적 예이다.

국내 유료방송 시장의 경우 홈쇼핑의 송출수수료가 위의 영향에 해당한다. 유료방송 플랫폼 사업자들은 보조금 또는 저가요금 경쟁 등을 통해 가입자 모집에 매우 경쟁적이나, 가입자 확보에서 발생한 비용을 송출수수료로 홈쇼핑 사업자로부터 충당하는 것이라고도 해석이 가능하다. 향후 OTT 플랫폼은 이러한 양상이 강해질 것으로 예상(이는 비단, 고정비용·장치비용의 부담 여부를 차치하더라도)되는데, 이는 양면시장적 특성이 강하게 나타나기 때문인 것이다.

재원의 측면에서 볼 때, 위의 플랫폼 전략에 입각하면 플랫폼의 대형화는 필연적이라고 볼 수 있다. 양면시장에서 양측의 그룹 간 강한 네트워크 외부성이 존재하고, 플랫폼이 없을 때 감당하기 어려운 거래비용이 존재한다면 독점이 오히려 효율적(Caillaud & Julien, 2003)일 수 있다는 주장이 대두되고 있다. 플랫폼이 경쟁적이고 한쪽의 이용자가 멀티호밍을 하는 경우 거래성사에 들어가는 비용(플랫폼의 중개비용)이 높으나, 플랫폼이 독점일 경우 거래성사에 소요되는 비용이 낮게 되고, 이는 결국 효율성 측면에서 보면 논쟁적일 수 있으나, 독점이 효율적이며, 이용자에게도 거래비용을 절감할 수 있게 된다는 것이다. 이러한 까닭에 적어도 중개기능을 제공하는 양면시장의 경우 이용자 잉여는 대형 플랫폼 사업자가 지배하는 양면시장에서 더 크게 나타날 수 있다는 것이다

(CP이든 이용자이든)를 늘리게 되면 다른 한측은 간접적 네트워크 효과로 인해 동반 증가하게 되고, 특히 보조금이나 무료로 확보한 이용자(싱글호밍)로 인해 다른 한측에 대해 독점력이 발생하여 높은 요금, 즉, 무료나 보조금을 전가하는 전략이 가능하게 되는 것이다.

(Wilbur, 2008). 따라서 플랫폼을 대형화 또는 독점화하는 것이 오히려 효율적이라는 주장도 대두되는데, 이 경우 플랫폼 사업자 입장에서는 대규모의 이익 실현이 가능하게 된다.

한편, 거래성사 비용이 플랫폼 가치를 결정하는 주된 요인이라고 한다면 미디어 큐레이션, 즉, 빅데이터와 AI 등을 이용하여 이용자에게 최적화된 이용 매개 기능을 수행함으로써 거래 성사 확률을 높이는 것이 또한 중요하다. 다만, 최적화의 역설, 즉, 개별 이용자는 최적화된 거래 매개 및 이용을 하게 되지만, 시장 또는 사회적으로 보면 분극화되는 문제가 발생할 수 있다(예컨대 필터버블(Filter bubble)과 분극화). 다시 말하면 개인 효용의 극대화(최적 매개로 인한)와 사회후생의 극대화 간 불일치(분극화나 필터버블)되는 문제가 플랫폼 기능에서 나타나는 부작용이다.

4. 미래 재원구조의 변화 전망

미래의 플랫폼 전략은 크게 ①거래·상호작용·연결 기능 극대화, ②연결 및 거래, 상호작용 시 비용 효율성 제공, ③브랜드화, ④커뮤니티 형성, ⑤부가적 서비스 제공으로 구분되어 발전할 것으로 전망된다. 콘텐츠 영역이 경쟁적 시장으로 변화할수록 플랫폼의 영향력이 강화되는데, 이 경우 전술한 바와 같이 경쟁병목 구성이 용이하여 독점력의 행사가 가능해진다. 그러나 반대로 플랫폼 영역의 경쟁이 확대되는 경우에는 콘텐츠 영역에 대한 싱글호밍 전략으로 변화할 수밖에 없으며, 최근 OTT 플랫폼 사업자들의 오리지널 콘텐츠 제작 및 확보 전략은 이러한 관점에서 이해할 수 있다. 한편, 배타적 서비스화가 심화될수록 대단히 경합적인 시장으로 변화할 수밖에 없고, 이 경우 플랫폼 사업자의 이윤율은 낮아질 수밖에 없다. 이에 따라 미래의 경쟁적 플랫폼 시장(예: OTT 시장)에서는 단순 중개 수수료 성격의 재원으로는 플랫폼 기능 및 긍정환류효과(Positive feedback loop)를 극대화할 수 없을 것이다.

결국 플랫폼 사업자는 새로운 재원으로서 미디어 커머스나 O2O와 같은 복합 재원을 추구할 유인이 높아질 전망인데, 실제 아마존의 경우 써드파티를 이용한 커머스 시장의 영향력을 극대화하는 방식을 추구하고 있다. 써드파티를 이용하는 개념은 결국 내부 비용의 외부화를 의미하고, 위험을 분산시키는 효과가 있는 반면, 직접적인 이윤이 감소할 수 있다는 단점이 있다. 여하튼, 미래의 미디어 플랫폼 시장이 경쟁적으로 변화할 것으로 예상되기 때문에 그간 플랫폼이 누렸던 높은 이윤율은 점차 낮아질 수밖에 없고, 결국은 단순 중개 또는 매개라는 본연의 기능이 중요한 것이 아니라, 이용자의 니즈에 부합하고, 배타적인 콘텐츠나 서비스를 효과적으로 제공할 수 있는가가 중요해질 것이다. 이렇게 되면 간접재원 형식이 아니라 사실상 콘텐츠 - 서비스 - 이용자가 일원화되는 직접재원 형식으로 다시 전환될 가능성이 높아질 것이다.

참고문헌

공정거래위원회 (2011.8.2.). 의결 제2011-135호

김성환 외 (2008). 양면시장(two-sided market) 이론에 따른 방송통신 서비스 정책 이슈 연구. 『기본연구』 08-11, 서울 : 정보통신정책연구원

방송통신위원회 (2019). 방송시장 실태조사 보고서, 과천 : 방송통신위원회

이종관 (2019.4.). 방송영상산업 활성화를 위한 효율적 산업재원 운용, 한국방송학회 춘계정기학술대회 발제문.

Armstrong, Mark (2006). Competition in Two-Sided Markets, *Rand Journal of Economics*, vol. 37, 668-691.

Caillaud, Bernard and Bruno Jullien (2003). Chicken & Egg: Competition among Intermediation Service Providers, *Rand Journal of Economics*, vol. 24, 309-328.

Evans, David S. and Richard Schmalensee (2008). Markets with Two-Sided Platforms, *Competition Law and Policy*, vol. 1, chapter 28.

Wibur (2008), A Two-sided, Empirical Model of Television Advertising and Viewing Markets. *Marketing Science*, vol. 27 (3), 256-378.

6장

유럽 및 해외 주요국의 미디어 공공서비스 재원 분석

정준희

한양대학교 언론정보대학 겸임교수

제6장

유럽 및 해외 주요국의 미디어 공공서비스 재원 분석

공적 재원의 정당화와 효율적 동원을 통한
방송영상 산업의 재정적 물꼬 트기

정준희
(한양대학교 언론정보대학 겸임교수)

1. 논의의 전제

한국의 공영방송은 구시대의 유물처럼 방치된 채, 다수 대중의 냉소는 물론, 심지어 조롱과 멸시의 대상으로 전락했다. 불행히도 어쩌면, 혁신을 위한 결정적 시기는 상당 부분 놓쳐버렸을지도 모른다. 하지만, 이제라도 새로운 공영방송을 통한 미디어 공공서비스의 전망을 목적의식적으로 개척해야 할 때다. 이미 구축되어 있는 공영방송 제도와 주체는 적어도 사회적 자산과 역량 측면에서는 여전히 그 의미가 작지 않다. 더러워진 목욕물은 버리되, 꼼꼼히 씻긴 아기는 다시 건져 올려 잘 양육하고, 욕조는 보수할 필요가 있다.

이를 위해, 우리 앞에 놓인 다음과 같은 과제에 주목해야 한다.

첫째, 정부와 정치의 영향, 특히 공영방송의 안과 밖을 꿰뚫어 버린 정치적 후견주의의 구태로부터 공영방송을 점진적이면서도 확고하게 절연시켜야 한다.

둘째, 공영방송이 대내외적으로 고착화시킨 사회정치적 엘리트와의 상층연계 테두리를 넘어 시민-소비자로서의 미디어 이용자와 소통하는 접촉면(interface)을 확장하여야 한다.

셋째, 사회적 신뢰의 토대를 이루는 기초적 사회제도이자 기술과 산업의 변화에 부응할 수 있는 미디어 공공서비스 주체로서 공영방송을 재확립해야 한다.

이들 과제는 단계적이면서 중층적으로, 때로는 중첩적으로 수행될 필요가 있다. 무엇보다 먼저, 공영방송에 대한 국민의 신뢰를 회복하기 위한 정상화 프로젝트를 추진해야 한다. 한번 떠난 고객-수용자는 쉽게 다시 돌아오지 않는다. 사람들이 공영방송에 대해 미약하게나마 품고 있는 '좋은 기억'을 회상시키고, 그 기억이 눈앞에서 뚜렷이 확인될 수 있게 해주는 목적의식적 기획이 필요하다. 더 많은 지원에 대한 요구는 전보다도 더 커진 의미에 토대를 두지 않고서는 성립될 수 없다.

이와 같은 조건 위에서만, 즉 공영방송의 제도적 자율성을 보장하고 공적 책무를 명확히 하는 제도적 기획과 함께, 공영방송의 재정적 토대를 개선시키고 재구조화하는 사회적 협력이 진행될 수 있다. 공영방송에 대한 정부와 정치의 개입을 차단하는 장치와 시민사회에 대한 설명책임을 지닌 거버넌스에, 전문적 공영방송재정산정 메커니즘이 결합된 조건, 즉 공공책무-공공재정의 밀접한 연계성을 확보하는 일이다. 장기적으로, 공영방송의 서비스는 한국적 미디어 공공서비스 제도와 기구 속에서 통합되어 차별화된 기능과 책무에 바탕을 두어 재배치되어야 한다. 이 과정에서 상당한 구조개혁과 공적 자기효율화가 수반될 필요가 있다. 새롭게 정의된 공적 '가치'에 부응하는 '값어치(value for money)'를 제공하지 않고서는 더 많은 공적 지원을 요구할 수는 없다.

2. 공영방송의 재원 구조

1) 기본 모형: 공영방송의 가치, 서비스, 재원의 상호 관계

▶ **공영방송의 책무, 목적, 가치** (mission & purpose)

공영방송의 재원은 공영방송에 요구되는 사회적 기대와 필요성에 기초를 두어야 한다. 따라서 공영방송의 공공서비스와 그에 수반되는 재원 모형은, 공영방송에게 부여된 책무(mission), 이를 구체화한 목표(purposes), 그를 통해 구현해야 할 사회적 가치(values)를 명확히 하는 데에서 시작한다. 공영방송의 책무, 목표, 가치를 구현하려면, 누구를 대상으로, 어떤 종류의 서비스가, 누구에 의해, 어떤 규모로 제공되어야 하는가? 이는 어떤 종류의 재원 모형을 통해 성취될 수 있는가?

제6장 유럽 및 해외 주요국의 미디어 공공서비스 재원 분석

〈그림 1〉 공영방송의 가치 지향, 서비스, 재원
출처: Weeds (2016)에서 변형 및 재구성

▶ 공영방송 서비스의 범위, 규모, 내용 (range & size)

공영방송을 매개로 제공되는 미디어 공공서비스는 당연히 '보편적'이어야 하지만, 어떤 근거에서 어떤 방식으로 보편성을 확보할 것인가라는 문제는 더욱 복잡 미묘해지고 있다. 모든 수용자를 포괄하는 전통적 공공서비스가 필요한가? 특수한 수용자 대상의 특수 공공서비스는 어떻게 제공할 것인가? 공공서비스는 다중 주체를 통해 이뤄져야 하는가 아니면 단일주체를 통해 추진되어야 하는가? 특정 재원 모형은 어떤 종류의 공공서비스를 촉진하는가?

▶ 공영방송 재원 충당 모형 (funding)

- 공공재원 단일모형/복합모형: 수신료, 세금, 교부금
- 공공재원/상업재원 혼합 모형: 공공재원과 상업재원의 적정 비율
- 상업재원 단일모형/복합모형: 공공재원이 아닌 다양한 상업재원의 개발 및 혼용

2) 세계 주요국 공영방송의 재원 형태

세계 각국 방송영상 산업 재원의 기초는 상당 부분 공영방송에 대한 공적 지원 시스템과 상업적 재원으로부터 나온다. 따라서 주요국의 공적 재정 충당 방식이 어떠한지를 구체적으로 살펴볼 필요가 있을 것이다.

〈표 1〉 세계 주요국 공영방송 재정의 충당 방식

Country	Public funding					Commercial
	Parliamentary grant	Equipment/Receiving licence fee	Universal household licence fee	Income tax charge	Hypothecated industry levies	
Norway		✓				
Switzerland		✓				✓
Germany			✓			✓
Denmark		✓				
Sweden		✓				
Finland				✓		
United Kingdom (BBC only)	✓	✓				✓
Austria		✓				✓
France	✓	✓			✓	✓
Belgium	✓	✓				✓
Ireland		✓				✓
Australia	✓					
Spain (RTVE only)	✓				✓	
Japan		✓				
Italy		✓				✓
Canada	✓					✓
New Zealand	✓					✓
United States	✓					✓

Source: Nordicity research

세계 주요국의 공영방송 재원 구조는 수신료와 같은 특수한 형태의 공공재원에 기초를 두면서 경우에 따라 기타 공공재원으로 보완하고 있다.

▶ 방송 수신료, 즉 방송 수신기기에 대한 면허료(equipment licence fee)

- 노르웨이, 스위스, 덴마크, 스웨덴, 영국, 오스트리아, 프랑스, 벨기에, 아일랜드, 일본, 이탈리아

▶ 수신료 개념을 확장한 보편적 방송분담금(= 가구별 특별목적세 household levy)

- 독일

▶ 소득연동 방송조세(= 소득 수준에 따른 개인 분담금)

- 핀란드

▶ 직접교부금(= grants)

- 영국, 프랑스, 벨기에, 호주, 스페인, 캐나다, 뉴질랜드, 미국

▶ 유관산업에 부과하는 특별목적세(= hypotheticated industry levy)

- 프랑스, 스페인

우리의 일반적인 예상과는 달리, 상업재원에 대한 의존 없이 공공재원만으로 공영방송 재정이 충당되는 사례는 거의 발견되지 않는다. 상업재원에 전혀 의존하지 않는 경우, 수신료, 혹은 수신료 제도를 변형한 공공재원이 전체 예산의 대부분을 차지한다: [노르웨이, 덴마크, 스웨덴, 일본(수신료만), 스페인(수신료+산업세), 핀란드(소득기반 조세) 등]. 또 공영방송이 강하고, 공영방송에 대한 대중적 지지가 비교적 확고한 나라들의 경우 공공재원의 비중이 매우 높으며, 특히 수신료에 여전히 토대를 두고 있음이 확인된다.

3. 공영방송의 재원과 공공서비스의 연결성

1) 공영방송 재원 구성 양상에 따른 공공서비스 책무의 특성

해외 주요국 공영방송에 대한 공공재원 분담 수준은 2014년 기준으로 평균 1인 당 연간 미화 86달러에 달한다. 그런데 각국의 공영방송에 대한 분담 수준이 이와 같은 평균치를 상회 혹은 하회하느냐에 따라 해당 공영방송으로부터 그 사회가 기대하는 공공서비스의 질과 규모에서 일정한 차이가 관찰된다.

전통적으로 공영방송의 사회적 위치가 공고한 북부/중부 유럽권 국가들은 평균을 상회하는(120 ~ 180달러) 공공재원 분담 수준을 보인다. 이들 나라에서는 공영방송에 대한 대중적 지지와 정치적 지지가 매우 강하게 형성되어 있다. 공영방송에 대한 공공서비스 기대와 책무 수준이 높아서 이를 뒷받침하기 위한 공공재원의 규모가 크고 이에 대한 사회적 합의가 마련되어 있다. 독일을 제외하고 대체로 인구규모가 작은 만큼 1인당 공공재원의 분담 수준은 더욱 높은 수준에서 형성된다. 독일의 예외적 조건은 (상대적으로 서비스 단위당 높은 비용이 요구될 수밖에 없는 구조인) 강력한 지역분권 기반의 공영방송 체제와 함께 이를 보완하는 전국기반 공영방송 체제가 다중주체 형식으로 형성되어 있기 때문이다. 이와 유사하게 스위스의 경우는 지역/언어서비스를 지탱하는 공공서비스 다중주체의 기능 보장을 위해 높은 수준의 공공재원에 상당한 상업재원이 추가된다.

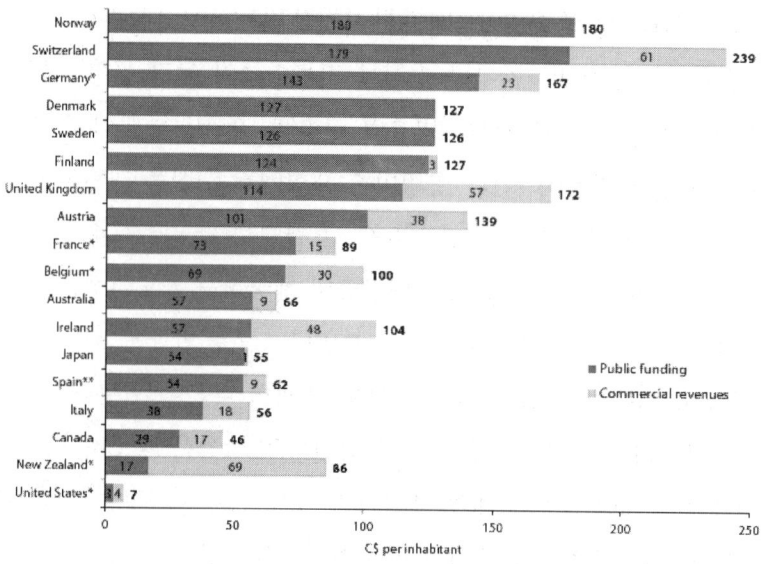

〈그림 2〉 세계 주요국 공영방송의 재원 규모와 구성
출처: Nordicity (2016)

그에 반해, 공공서비스 책무가 구체적이지 않고, 공영방송의 정치도구화, 상업화로 인해 사회적 정당성이 취약한 남부 유럽권에서는 평균 이하의 40~50달러 수준에서 1인당 공공재원 분담 규모가 형성되어 있다. 공영방송의 상업적 경쟁력 역시 그리 높지는 못한 편이다. 이와 부분적으로 유사한 특성을 보이는 프랑스, 벨기에, 아일랜드 등은 1인당 분담수준이 세계 평균에 근접하면서 상업재원 규모도 일정 수준 보장된다. 일본은 비교적 풍부한 공공재원을 갖고 있지만 인구 규모에 비해 보면 1인당 분담수준은 그리 높지 못한 편이며 상업재원도 미미, 전통적 공영방송 모형에서 크게 변화된 모습을 보이지 않는다.

2) 수신료 수준과 공영방송에 대한 사회적 평가 사이의 상관성

전체적으로 보면, 가구당 수신료 지불수준이 높고 공영방송 재정에서 수신료가 차지하는 비중이 클수록 공영방송에 대한 긍정 평가가 높은 경향이 있다. 공영방송 재정에서 수신료 재원이 차지하는 비중이 매우 높은 영국, 독일, 스웨덴은 가구당 수신료 지불 수준이 높게 형성되어 있고 공영방송이 제공하는 프로그램의 품질에 대해 상당히 긍정적인 태도를 보인다. 그에 반해 수신료 비중이 낮고 가구당 수신료 징수 규모도 대체로 낮은 포르투갈, 스페인, 이탈리아, 프랑스 등 남부 유럽권 공영방송은 북부 유럽권에 비해 프로그램 품질에 대한 부정적 평가가 두드러진다. 이들은 공영방송 지배구조와 규제기관의 구성이 정부/정치의 영향을 크게 받으며, (프랑스를 제외하고) 저널리즘의 독립성과 균형성이 떨어지는 것으로 평가된다. 이탈리아와 프랑스의 경우 수신료 징수액과 수신료 비중이 낮은 편은 아니나 공영방송에 대한 국민의 평가는 부정적인 쪽에 기울어 있다.

〈표 2〉 유럽 주요국 공영방송의 수신료 규모, 수신료 회피율, 서비스 만족도

PSM/country	Percentage of PSM's total income from licence fee	Proportion of respondents in each country rating the quality of the PSM TV channels as 'very good'	Household licence fee rates (in Euros)	Licence fee evasion rate
BBC/UK	70.4%	32%	179	5.8%
SE/Sweden	93%	20%	238	12%
ARD-ZDF/Germany	83.5%	17%	215	1% [1]
RTP/Portugal	35.6%	7%	31.8	0.5% [2]
FT/France	65.3%	5%	133	1% [3]
TVE/Spain	0%	6%	0	0
RAI/Italy	60%	4%	113.5	27%

출처: Bonini & Pais (2017)

수신료 회피율과 공영방송에 대한 긍/부정 평가 양상 역시 일정한 연관성을 보인다. 프로그램 품질에 대해 긍정적인 태도를 갖고 있는 독일, 영국의 수신료 회피율은 충분히 낮은 수준(1~5%)을 유지하고 있다. 반면에 프로그램 품질에 대해 가장 부정적인 평가를 나타내는 이탈리아는 수신료 회피율이 상당히 높다(27%). 물론 프로그램에 대한 긍정 평가가 높지만 수신료 회피율도 높은 스웨덴, 부정 평가가 높지만 회피율은 낮은 포르투갈(전기료 합산 징수), 스페인, 프랑스(실질적 가구세) 등의 예외도 있는데, 수신료 회피율은 공영방송에 대한 대중들의 사회적 기대/평가뿐 아니라 징수방식에 따라서도 달리 나타난다는 점을 고려할 필요가 있다. 그러나 공영방송에 대한 수용자들의 평가가 좋지 못함에도 수신료 납부를 회피할 구멍을 줄이는 방식은 공영방송에 관련된 시민의 잠재적 불만을 배가시킬 가능성이 높다.

2) 수신료를 매개로 하는 공영방송과 수용자 관계

경제학에서는 시장 조건에 따른 상품/기업-소비자 관계를 다음과 같은 네 가지 방식으로 구분하고 있다.

▶ **독과점시장, 강요된 관계**

선택할 수 있는 기업과 상품의 수가 한정적인 상태에서, 특정 공급자의 특정 상품(예: 전기, 수도, 소주, 지역 케이블 방송 등)만을 이용할 수밖에 없는 경우. 소비자들의 불신과 불만은 잠재적인 차원에 머물러 있다.

▶ 독과점시장, 자발적 관계

선택 가능한 기업과 상품의 수가 비록 한정적이지만, 해당 기업과 상품에 대한 신뢰성이 확보됨으로써 소비자들의 자발적 지지가 뒤따르는 경우, 비교적 긍정적인 조건이라 할 수 있다.

▶ 경쟁시장, 강요된 관계

선택할 수 있는 기업과 상품의 수가 확대되어 소비자들이 기호에 따라 선택할 수 있으나, 시장에 대한 인위적 규제(국내산 상품과 수입 상품의 인위적 가격 격차 등) 혹은 시장 점유율 상위 사업자의 과도한 지배력으로 인해 어쩔 수 없이 특정 상품을 선택하게 되는 경우, 가장 바람직스럽지 못한 조건을 형성하며 누적된 소비자들의 불신과 불만에 대응하기 위해 인위적인 규제에 의존해야 하는 상황이 펼쳐진다. 즉, 해당 기업/상품에 대한 불신이 더 많은 규제 의존성을 낳고 그것이 다시 더 많은 불신으로 이어지는 악순환 고리 속에 놓이는 것이다.

▶ 경쟁시장, 자발적 관계

선택 가능한 기업과 상품의 수/범위가 크고 활발한 경쟁 상태에서 소비자들이 특정 상품/기업에 대한 신뢰에 바탕을 두어 자발적으로 선택하는 경우가 가장 바람직한 조건을 형성한다.

위와 같은 구도를 공영방송 서비스와 수신료에 대입시키면, 과거에는 독과점 방송, 강요된 수신료 관계에서 수용자의 불만이 잠재화되어 있는 구도가 형성되어 있었다. 그러나 지금의 변화된 환경에서는 경쟁 미디어 환경에 강요된 수신료 관계가 결합되어 있는 매우 부정적인 조건으로 형성되어 있다. 그럼에도 불구하고, 한국을 비롯한 상당수의 나라에서는 공공서비스의 경쟁력을 강화하거나 수신료 납부의 자발성을 확보함으로써 문제를 극복하기보다(수신료징수 기준 확대, 수신료 징수 효율성 확보 등) 오히려 강압성을 증가시킴으로써 당장의 위기를 모면하려는 경향을 보인다. 이와 같은 문제를 극복하기 위해서는 공영방송의 공공서비스 차별성을 강화시키거나, 수신료에 대한 자발적 지지를 확보하기 위한 전향적인 노력이 요구된다.

4. 미디어 공공서비스 재원의 재구성 방향

1) 공영방송의 공공재원 확보 원칙

세계 대다수 나라들의 공영방송은 수신료나 세금, 정부 교부금 등 공공서비스 책무 수행을 보장하기 위한 재정적 기초로서 공공재원을 우선시하는 것은 물론이다. 그러나, 공영방송이 사회의 기초제도로 확립되어 있는 유럽에서조차 공영방송 수신료 등의 공공재원은 특정 행위자에 대한 차별적 우대행위로서 공격받은 바 있고, 사회경제적 변화에 의해 공영방송에 대한 공적 지원이 구체적으로 정당화될 필요가 대두됐다. 이와 같은 맥락에서 유럽 공영방송 연합체인 EBU(2017)는 공영방송에 대한 공적 지원을 안정화하는 것뿐 아니라, 사회적으로 정당화하기 위한 원칙으로서 다음과 같은 내용을 제시하고 있다.

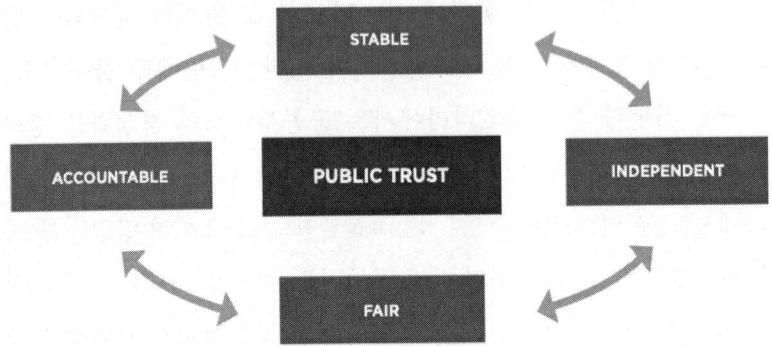

〈그림 3〉 공영방송 공공재원의 정당화 구조
출처: EBU (2017)

▶ 안정성과 적정성(stable & adequate)

- 구체적인 공적 책무 기준에 의거하여, 공공서비스 공급에 적정한 비용을, 예측 가능한 방식으로 제공해야 함
- 명확히 정의된 공적 책무 범위에 따라 구체적인 공공서비스 내역을 설정할 것
- 방송 공공서비스에 소요되는 비용은 관련된 기타 공공서비스 공급 시 소요되는 순비용의 평균을 상회하지 않을 것
- 공공서비스가 제공되는 시기 동안, 그를 감당할 수 있는 비용을 안정된 방식의 공공재원으로 제공할 것

▶ 정치적 개입으로부터의 독립성(independent)

- 공공재원에 관한 결정이 부당한 형태의 정치적/상업적 압력으로부터 자유롭게 이뤄지도록 보장하는 장치가 설정되어야 함
- 정부, 의회, 방송사, 기타 이해관계자로부터 독립적인 전문가 집단의 판단에 의거할 것

- 경제위기 등 긴축이 필요할 '예외적'인 경우에 한정하여 공공재원을 삭감할 수 있으나 삭감의 폭은 국가 재정 전반에 걸쳐 적용되는 비율에 상응할 것

▶ **공평성과 정당성**(fair & justifiable)

- 시청자와 공영방송, 공공재원 사이의 긴밀한 연계성을 확보해야 함
- 시청자의 기여 의사(willingness to contribute)에 토대를 둘 것
- 환경 변화에 부응하여 공공재원의 개념과 충당 방식을 적절히 변화시킬 것
- 시장에서의 경쟁에 부적절한 영향이 미치지 않도록 유의할 것

▶ **투명성과 설명책임성**(transparent & accountable)

- 공공재원의 규모에 대한 판단, 용처, 집행 결과가 투명하게 제시되어야 함
- 공영방송 예산에서 공공재원과 상업재원의 회계를 명확히 분리할 것

2) 유럽 주요국 공영방송의 공공재원 충당 방식 개편

유럽 주요국의 공공재원 형태는 수신료에 기초를 둔 경우와 일반/특수조세에 기초를 두는 경우로 대별된다. 몇 가지 특징적인 현황은 아래와 같다.

<표 3> 유럽 주요국의 공영방송 재정 충당 방식 유형화

	Category (method of PSB funding)	Number	Countries	Funded by
A	Radio/TV licence fee (or equivalent) paid directly by households / citizens	13 + Belgium (regional)	Austria, Belgium (Walloon region), Croatia, Czech Republic, Denmark, France, Germany, Ireland, Poland, Romania, Slovakia, Slovenia, Sweden, and the U.K.	Licence fee
B	Paid by residents via utility bills (e.g. electricity)	3	Greece, Italy, Portugal	
C	Funded through State budget	10 + Belgium (regional)	Belgium (Flemish region / Brussels), Bulgaria, Cyprus, Estonia, Hungary, Latvia, Lithuania, Luxembourg, Malta, Netherlands, Spain	Central Taxation
D	Broadcasting tax (income-based)	1	Finland	Other

출처: Houses of the Oireachtas (2017)

• 프랑스

방송 수신료를 '시청각공공서비스 분담금(La Contribution A L'Audiovisuel Public)'으로 명확히 하는 한편, 공영방송에 부여된 공적 책무에 비해 낮은 수신료 징수액의 격차를 메우기 위해 시청각 연관 산업인 통신과 인터넷 서비스 제공자에게 특별목적세를 부과하고 있다.

• 덴마크

텔레비전 수상기 위주의 수신료 개념을 변경하여, 인터넷 접속 기능을 보유한 모든 기기에 대해 수신료 징수가 가능하도록 개념을 확장했다.

• **영국**

온라인시청을 고려하여 수신료 징수 대상과 범위를 BBC온라인 서비스 이용 가능 가구로 확대했으며, 장기적으로 독일식 가구분담금 제도로 변경할 것을 고려하는 한편, 가구 소득 규모 등에 따른 징수액 차등화를 통해 역진세적 요소를 제어하려 한다. 일부 서비스에 대해서는 (국내외를 대상으로) 제한적 구독료 모형도 도입할 것을 고려 중이다.

• **스위스**

수신료징수액 상향 여부에 대한 국민투표제를 도입했다.

• **핀란드**

보편성과 징수효율성을 강화하는 한편, 수신료의 역진세적 요소를 극복하기 위해, 모든 개인을 대상으로 소득에 따른 방송세를 부과하는 방향으로 변화했다.

• **독일**

수신기기 기반의 수신료 개념을 변경하여, 모든 가구를 대상으로 하는 공영방송 가구분담금 제도를 도입함으로써 징수효율성과 보편성을 강화(오스트리아도이와 같은 추세를 따를 것으로 전망된다)하였다.

3) 공영방송 재원 충당 방식의 장단점 비교

위에서 언급한 공공 재정 확보 원칙에 토대를 두어, 다양한 재원 유형의 장단점을 비교하기 위한 기준을 보편성(즉, 시청자 포괄 범위), 정치적 독립성, 공익 촉진성(즉, 사회적 가치 실현과의 직접적 연계

수준), 공평성(즉, 재원 징수와 사용의 정당성), 징수효율성 등으로 설정했을 때, 각각의 재원유형에 대한 아래와 같은 평가가 가능하다.

〈표 4〉 공영방송의 재정 충당 원칙에 비춰본 각 재원 유형의 장단점

재원유형	보편성	정치독립성	공익촉진성	공평성	징수효율성
수신료	중상	중상	중상	중	중
가구분담금	상	중하	중상	중상	상
정부교부금	상	하	상	상	상
구독료	하	상	하	상	중상
광고	중상	중상	하	상	상

출처: Weeds(2016)에서 재구성

▶ 정부 교부금

정부 예산에 토대를 두어 특수한 공익 목적에 초점을 맞춰 효율적으로 투여될 수 있다는 장점이 있는 반면, 정치적 독립성이 떨어진다는 결정적 단점이 고려되어야 함.

▶ 가구 분담금

최근 독일이 수신료 제도 개선을 위해 최근 도입한 이 제도는 보편적 적용과 징수가 가능하고 수신료에 비해 공평성과 직접적 공익 촉진 등에서 장점을 지니지만 정치적 독립성이 다소 저해될 수 있을 가능성이 있음.

▶ 수신료

전반적으로 가장 무난한 특성을 지니지만, 약간의 정치적 독립성 훼손 여지가 있고, 시대 변화에 뒤처져 있으며, 관련 공영방송에

대한 신뢰와 지지 의사, 높은 이용률 등에 기초를 두지 않으면 정당성이 흔들린다는 단점이 있음.

▶ 기타 재원

최근 대안으로 제기되고 있는 구독료(subscription) 모형은 기술 및 시대 변화에 부응하는 유연성을 제공하며 납부자의 자발성에 기초를 둘 수 있지만 보편성 원칙을 저해함. 광고와 협찬 역시 자발성과 경쟁력을 촉진하지만 공익성과 보편성이 떨어진다는 문제가 있음.

위와 같은 측면에 비추어 볼 때 공영방송의 미래 재원은 여전히 '가장 덜 나쁜(the least worst)' 재원이랄 수 있는 수신료 제도에 토대를 두되, 보편성/징수효율성 측면에서는 가구분담금의 장점을, 수용자의 자발성 측면에서는 구독료와 광고의 장점을 취하는 광범위 제도 개선이 필요하다고 판단된다.

5. 공영방송의 사회적 필수성 재정의를 통한 공적 재원 재구조화

1) 공영방송의 사회적 필수성 재정의 방향

　대중매체 정책에 관한 유럽각료회의(European Ministerial Conference)는 1994년 제4차 회의를 통해 공영방송의 미래를 재정비하기 위한 결의안을 채택한 바 있다. 그 핵심 내용은 아래와 같다.

　첫째, 일반 공중이 접근 가능한 정보, 교육, 문화, 오락을 제공하는 하나 이상의 광범위 포괄적 서비스를 보장해야 한다. 필요하다면 공영방송이 테마형 서비스 등의 부가적 서비스를 공급할 수 있도록 허용되어야 한다.

　둘째, 공영방송의 역할, 임무, 책임성을 명확히 정의하고 정치 및 경제적 개입으로부터 내용적 독립성을 유지할 수 있도록 보장해야 한다.

　셋째, 공영방송이 자신의 책무를 구현하는 데 필수적인 수단을 적정하고 안정적으로 확보할 수 있게 해야 한다.

　이와 같은 결의안은 보편성, 포괄성, 독립성을 핵심으로 하는 전통적 공영방송의 기능을 변화된 미디어 환경에서도 변함없이 지속해야 함을 강조하는 한편, 이를 위해 다양한 부가서비스를 허용하는 등, 명확히 재정의된 책무 구조에 토대를 두어 그에 필수적인 (재정 등) 수단을 제공해야 할 책임을 사회에 부여하고 있다. 유럽평의회(Council of Europe) 의원총회(Parliamentary Assembly)의 2009년 권고 역시 유럽각료회의의 1994년 결의안을 지지하면서, 다음과 같은 역할의 구현을 구체적으로 강조한다.

첫째, 공영방송은 자신에게 부여된 공공서비스 책무에 따라 포괄적이고 경쟁력 있는 미디어 서비스를 제공하기 위해, 테마형 채널, 주문형 미디어, 재생형 미디어(recorded media), 인터넷 기반 미디어 서비스의 형태로 서비스 다변화를 추구할 필요가 있다.

둘째, 이와 같은 공공서비스를 위해서는 공영방송의 내용적, 경영적 독립성을 보호하는 적정 수단을 통해 지속가능한 구조를 갖고 있도록 보장하는 것이 중요하다. 명확히 정의된 공공서비스 책무와 이를 뒷받침하는 적정 재정 계획의 장기적 보장이 핵심이다. 공공서비스 책무에 대한 정기적 검토와 업데이트를 일정한 설명책임 제도를 통해 구현해야 한다.

한국의 조건에 비추어 볼 때, 독립적 보편서비스의 기본 가치를 변화된 기술 환경에 따라 중층적 포괄 서비스의 형태로 구현하는 것은 민주주의의 공고화, 내포적 경제, 문화적 다양화의 진로에 놓인 한국의 현재에도 여전히, 아니 한층 더 중요한 의미를 띤다. 지금 가장 필요한 것은 경영적, 내용적 독립성의 확보와 명확한 미디어 공공서비스 책무의 획정이다. 이를 뒷받침하는 재정적 수단은 국가/시장 주도적이기보다 시민사회 주도적인 설명책임 구조의 수립과 병행하여 고민되어야 한다.

2) 잠재적 혜택 평가를 통한 사회적 필수성 검토

공영방송의 전통적/대안적 필수성을 합의하고, 이를 구현하는 구체적 공공서비스 책무를 정의하려는 목적에서 좀 더 면밀한 검토 과정과 검토 수단이 요구된다.

이를 위해서는 (아직까지 국내에서는 제대로 시도되어 본 적이 없는) 전문적 검토 기구와 그를 매개로 한 사회적 합의 과정이 필요하지만,

일정한 실험적 프리즘을 통해 그 일부를 가늠해볼 수는 있다. 〈표 5〉에 소개한 공영방송의 잠재적 혜택 전망에 기초를 두어 그 사회에 필요한 적정 공공재원의 규모를 산출하는 Nordicity(2016)의 연구가 그 한 사례이다.

주지하듯, 가외성을 지닌 장점재(merit good)로서의 방송과 미디어 서비스는 시장실패로 인한 과소공급의 위험을 안고 있다. 예컨대 관련 서비스를 필요로 하는 공중의 수가 적어서 적정 시장규모가 보장되지 못할 경우 그것의 사회적 유익에도 불구하고 공급이 불충분할 가능성이 높다. 또 인구가 적고 인종적, 언어적, 문화적 분화 정도가 높을수록 이들을 위한 미디어 공공서비스가 과소 공급될 위험이 크기 때문에, 그 역할을 공영방송에게 담당시키면 사회적 혜택이 더 커질 것이다

〈표 5〉 공영방송의 잠재적 혜택지수(potential benefits index)

평가준거	지표
공통가치와 문화의 진흥	- 인구밀도 (낮을수록 잠재적 혜택이 큼) - 방송되는 공식언어의 수 (많을수록 잠재적 혜택이 큼) - 인종적 다양성 (클수록 잠재적 혜택이 큼)
국내 언어 시장의 상대적 크기	- 인구규모/공식어에 포함된 개별 인구집단 규모 (작을수록 잠재적 혜택이 큼)
동일한 언어를 지닌 인접국/인접권역과의 근접성	- 더 큰 경제적 규모를 가진 유사 언어사용 인접국의 수 (많을수록 잠재적 혜택이 큼) - 영어 사용 여부 (높을수록 잠재적 혜택이 큼)
자국 프로그램의 경쟁력	- 상위 10개 프로그램 가운데 자국 프로그램의 수 (적을수록 잠재적 혜택이 큼)

출처: Nordicity (2016)

따라서 이런 조건에서는 공영방송의 잠재적 혜택지수가 높게 평가된다. 다른 한편, 주변에 유사한 언어를 사용하는 더 경쟁력 있는

국가가 있다면, 콘텐츠에 대한 문화적 할인율이 낮아지기 때문에, 자국의 필요에 맞는 자국생산 콘텐츠가 과소 공급될 위험이 커진다. 이런 조건에서는 공영방송의 잠재적 혜택지수가 더 높아진다.

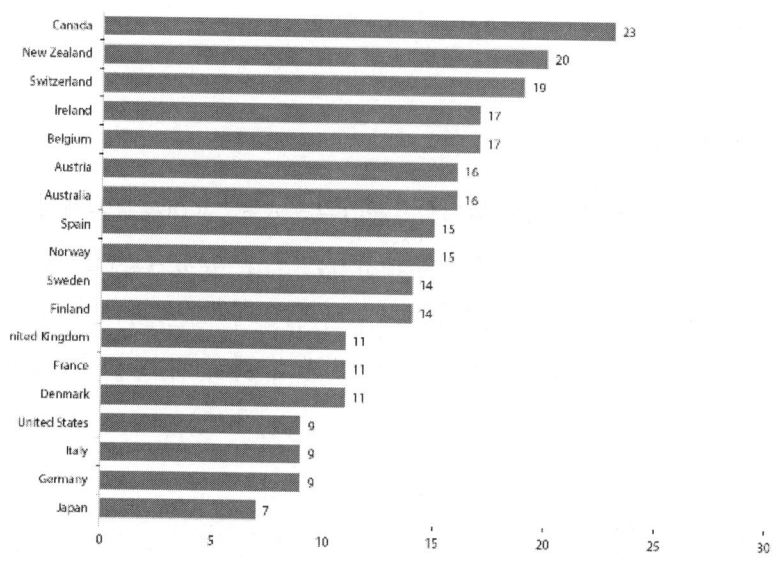

- 각 지표당 5점 척도, 총 7대 지표 35점 만점

〈그림 4〉 공영방송의 잠재적 혜택 지수: 국가 간 비교
출처: Nordicity (2016)

이 지수를 활용하여 주요국 공영방송의 잠재적 혜택을 평가해보면 대략 세 개 국가군으로 구분될 수 있다.

▶ 상위 국가군

- 캐나다, 뉴질랜드, 스위스, 아일랜드, 벨기에, 오스트리아, 호주

강력한 시장경쟁력을 지닌 미국에 인접해 있거나 영어권에 속

해 있는 중소규모 국가이거나 유사언어를 사용하는 거대 인접국이 있는 경우, 국가 내에 다언어, 다인종적 분산 환경이 조성되어 있는 경우 공영방송의 잠재적 혜택지수, 즉 공영방송을 통한 사회문화적 미디어 서비스의 과소 공급 문제 해결 필요성이 높은 것으로 측정된다.

▶ 중위 국가군

– **노르웨이, 스웨덴, 핀란드, 덴마크, 영국, 프랑스, 스페인**

언어, 문화, 인종적 분산성은 적지만 인구 규모가 작은 경우, 인구 규모가 어느 정도 되지만 내부의 인종적, 문화적 분화가 커지고 있는 경우 등에서 공영방송의 잠재적 혜택 지수가 중위값을 갖는 것으로 나타난다.

▶ 하위 국가군

– **미국, 이탈리아, 독일, 일본**

인구 규모가 크고 언어적, 문화적 경쟁 상태에 놓여 있지 않으며, 해당 사회 내부에 언어적, 인종적, 문화적 분산 수준이 높지 않은 경우 미디어 서비스의 과소공급 위험성이 상대적으로 낮게 평가되며, 그에 따라 공영방송의 잠재적 혜택 지수가 낮은 수준을 보이는 것으로 산정된다.

이 평가 방식을 활용하여 한국 공영방송의 잠재적 혜택 지수를 산출하고, 이를 여타 국가들과 비교해본 결과는 아래와 같다.

제6장 유럽 및 해외 주요국의 미디어 공공서비스 재원 분석

<표 6> 주요국 공영방송의 잠재적 혜택지수 비교

국가	인구밀도	공용어	다인종성	언어시장	인접국	프로그램	총점
호주	5	1	2	4	3	1	16
오스트리아	2	1	2	5	5	1	16
벨기에	1	3	3	5	4	1	17
캐나다	5	3	3	4	4	4	23
덴마크	1	1	2	5	1	1	11
핀란드	5	1	1	5	1	1	14
프랑스	1	1	4	3	1	1	11
독일	1	1	2	3	1	1	9
아일랜드	3	3	1	5	4	1	17
이탈리아	1	1	2	3	1	1	9
일본	1	1	1	2	1	1	7
뉴질랜드	5	1	3	5	5	1	20
노르웨이	5	1	2	5	1	1	15
스페인	3	4	2	4	1	1	15
스웨덴	5	1	1	5	1	1	14
스위스	3	3	2	5	5	1	19
영국	1	1	2	3	3	1	11
미국	4	1	1	1	1	1	9
한국	1	1	1	3	1	1	8

출처: Nordicity (2016)를 활용하여 재구성

여기서 공영방송의 '잠재적' 혜택 지수가 높거나 낮다는 것은 해당 사회의 공영방송이 '실제로' 사회적 혜택을 더 많이 주거나 더 적게 준다는 것을 의미하는 것이 아니다. 공영방송의 잠재적 혜택지수는 가외성을 지닌 장점재로서 미디어 공공서비스가 과소 공급될 '위험성' 수준을 측정하기 위한 방편이기 때문이다. 예컨대 특정 사회를 위해 필수적으로 요구되는 미디어 공공서비스 범위와 규모가 큼에도, 여러 가지 위협요인으로 인해 과소 공급될 가능성이 높을수록 잠재적 혜택지수가 높게 나타난다. 즉, 그런 사회일수록 공영방송을 통한 미디어 공공서비스의 구현요구가 높아진다는 의미이다.

따라서 특정사회에서의 미디어 공공서비스 '실수요', 공영방송의 사회적 필수성을 더 면밀하게 측정하기 위해서는 더 다양한 지표가 채택될 필요가 있다. Nordicity(2016)의 평가에는 포함되어 있지는 않지만 동일 지표를 적용하여 평가할 경우, 한국은 일본과 프랑스 사이에서 이탈리아와 유사한 혜택지수를 갖고 있는 것으로 보인다. 여타 국가에 비해 미디어 공공서비스의 과소공급 위험성이 낮기 때문에, 공영방송을 통해 얻을 수 있는 사회적 혜택이 높은 편은 아니라는 의미이다. 미국, 중국, 일본 등 압도적 자본 규모에 의한 위협, 북한 등에 의한 지정학적 위협, 민주주의적 공고화 필요성 등을 고려할 경우 한국 공영방송의 잠재적 혜택지수는 이보다 높아질 것이다.

3) 공영방송의 잠재적 혜택에 따른 사회적 필수성 획정과 공적 지원 규모 산정

위에서 산출한 공영방송의 잠재적 혜택과 앞서 소개한 바 있는 공영방송에 대한 1인당 공공재원 분담 규모를 서로 연결지어 보면 아래와 같은 국가군이 도출된다.

> ▶ **공공재원 규모가 잠재적 혜택에 상응하는 국가군**
>
> - 높은 잠재적 혜택, 큰 공공재원 규모: **스위스, 노르웨이**
> - 중간 수준의 잠재적 혜택, 중간 수준의 공공재원 규모: **스웨덴, 핀란드, 오스트리아, 벨기에**
> - 낮은 잠재적 혜택, 작은 공공재원 규모: **일본, 이탈리아, 미국**

▶ 공영방송의 잠재적 혜택에 비해 공적 지원이 부족한 국가군

- 캐나다, 아일랜드, 뉴질랜드, 호주

▶ 공영방송의 잠재적 혜택에 비해 많은 공적 지원이 이뤄지고 있는 국가

- 독일

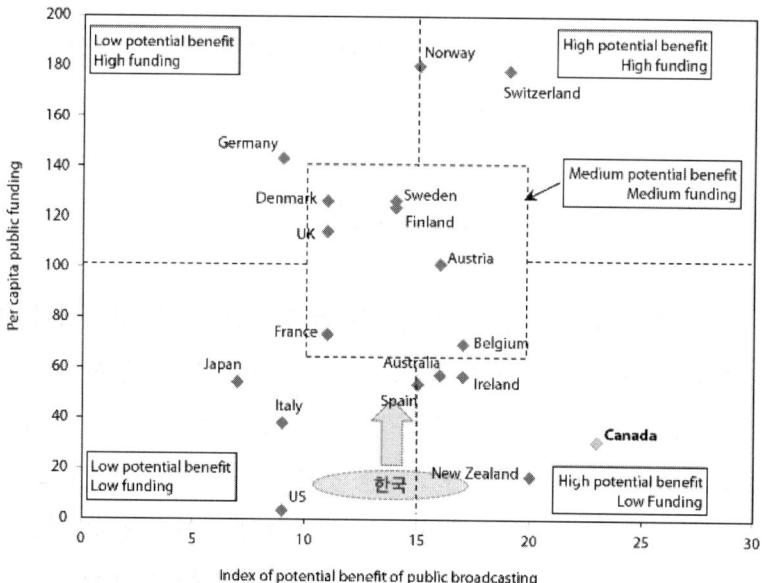

〈그림 5〉 공영방송의 잠재적 혜택과 공적 지원 규모의 관계
출처: Nordicity (2016)에서 변형

그렇다면, 한국의 위치는 어디일까?
기본적인 평가 수치에만 근거하자면 한국은 공영방송의 잠재적 혜택이 아주 크지는 않고 공적 지원의 규모도 매우 작은 국가군에

해당한다. 하지만 지역성 수요, 민주주의적 공고화 수요, 지정학적 위협, 유관국과의 미디어 자본 경쟁 등의 평가지표를 추가 고려할 경우, 공영방송의 잠재적 혜택이 중하위~중위 수준에 이를 것이라 짐작되는 반면, 1인당 공공재원 분담 규모는 그와 같은 서비스 수요에 부응하지 못하는 매우 낮은 수준을 보이고 있다. 결국 이와 같은 문제를 해결하기 위해서는 공영방송의 사회적 필수성을 잠재적 혜택에 비추어 좀 더 적극적이고 구체적으로 정의하는 작업과 함께, 그에 부응하는 규모로 (즉, 스페인, 호주, 아일랜드의 미화 50달러) 1인당 공공재원 분담 수준을 점진적으로 높여갈 필요가 있다.

6. 결론

수신료를 비롯한 각종 공공재원이 현재의 방송영상 산업에서 차지하는 비중은 상대적으로 높지 않다. 그리고 지속가능한 성장을 위해서는 공공재원이나 기타의 국가 보조에 의존하는 구조를 탈피하고 새로운 시장 활력을 도모하는 것이 바람직하다. 그럼에도 불구하고 공공재원은 엄연히 방송영상 시장의 질서를 잡고 기초를 튼튼히 하는 공적 투자에 해당한다는 점은 부정할 수 없다. 또 여타의 성장 가능성이 막힌 상태라면 국가가 일종의 산업정책 차원에서 초기 투자를 감행해줄 필요도 있다. 하지만 막연히 수신료 인상이라는 카드로 모든 문제를 해결해보겠다는 태도는 안이할 뿐 아니라, 정치적으로도 복잡한 산술을 고려해야 하는 부담이 있고, 실제의 분담자인 시민들로부터 강한 저항과 거부감을 불러일으켜 미디어 공공서비스에 대한 시민적 지지를 약화시킬 위험도 크다.

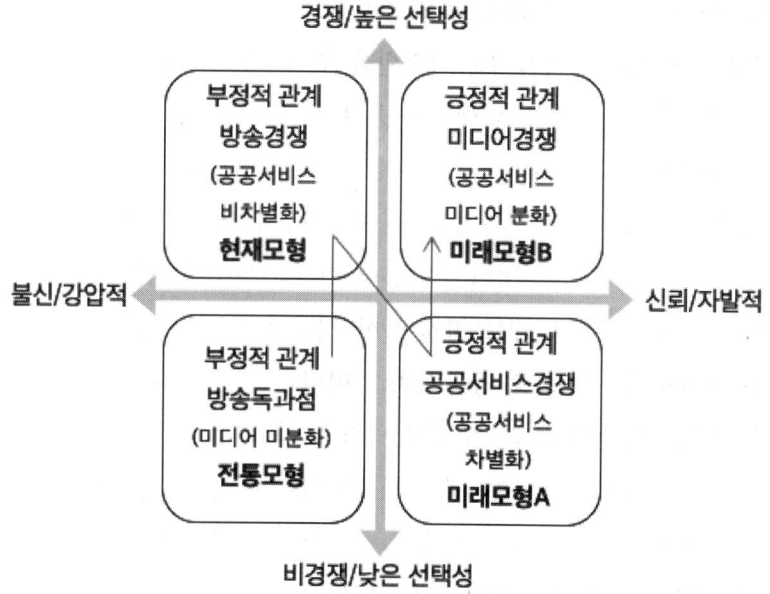

〈그림 6〉 미디어 공공서비스의 재구성과
수신료 체제의 재편을 통한 수용자 관계 개선

공영방송의 서비스와 수신료 체제를 통해 형성되어 있는 수용자 관계의 현재 모형은 방송 경쟁 환경 하에서의 강요된 수신료 관계로 고착되어 있다. 전통 모형과는 달리 방송, 미디어서비스의 증가로 선택성과 대체가능성이 커졌지만, 공영방송이 제공하는 서비스는 크게 차별화되어 있지 않으며, 공영방송이 제공해야 할 공공서비스도 획정되어 있지 않은 상황에서 수신료는 납부자의 지지와는 무관하게 강요되는 조건이라는 것이다. 텔레비전수상기를 아예 소유하지 않거나 기존 텔레비전 서비스를 거부하는 수용자층이 확대됨으로써 공영방송에 대한 시청자의 불만이 간접적으로 가시화되고 있지만, 국민들의 자발적 지지를 이끌어내기 위한 조치를 취하기보다 정치종속적 전략을 통해 수신료 징수 범위와 규모를 높이려 시도함으로써, 공영방송의 정치 도구화와 수신료 미결정의 교착상태가 반복되는 악순환을 초래해온 결과물이다.

　이를 혁파하기 위한 미래 모형은 우선, 핵심 공영방송을 중심으로 차별화된 공공서비스의 제공을 통해 수신료에 대한 자발성을 높이는 방향으로의 전환에서 시작되어야 한다. 즉, 일반 방송과는 확연히 구별되는 '비시장적 공공서비스' 부문에 대한 수용자 신뢰성을 확보하는 단계를 거쳐야 한다는 것인데, 공영방송의 책무를 차별화하는 '기초적 공공서비스 미디어 부문'의 획정을 통해 공공서비스 범위와 규모, 주체를 명확히 하고, 그에 관련된 시민의 주목과 관여도를 높이는 것이 선행되어야 한다. 공공서비스 미디어의 통합 및 내적 분화를 통해 차별화된 공공 주체에 대한 자발적 지지를 넓혀 가야 한다. 이를 바탕으로 장기적으로는 공공서비스 부문 내의 생산적 경쟁을 촉진하고, 공공서비스와 비공공서비스 사이의 질적 경쟁 확대를 통해 공영방송에 대한 선택성과 자발성이 제고되어야 한다.

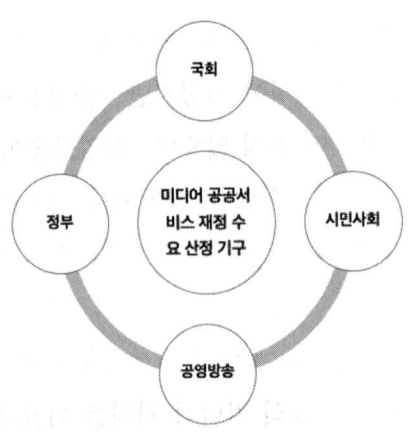

〈그림 7〉 미디어 공공서비스의 재정 수요 산정을 위한 거버넌스

이를 위해서는 민권강화와 시민사회의 확장, 디지털비선형 매체 환경에 걸맞은 필수적 미디어 공공서비스의 획정과 업데이트가 필요하며, 이를 뒷받침하기 위한 수신료 제도의 업그레이드가 요구된다. 수신료 제도는 여전히 미디어 공공서비스의 독립성, 안정성, 책무성 측면에서 가장 현실적이고 유효한 공공재원 메커니즘의 기초를 이룬다. 수신료는 공영방송 제도와 수신료 납부자 사이의 '상호 책임 있는 결속'을 보장하고, 공영방송에 대한 '시민적' 요구를 공식화하는 합리적 인터페이스로서의 의미를 지니고 있기 때문이다.

그렇다면, 각 공영방송의 정체성, 규모, 서비스 범위 등을 정하고, 이를 뒷받침하기 위한 공공재원으로서 가칭 '디지털시청각 공공서비스 분담금'을 어떠한 방식으로 마련하는 것이 가장 바람직한지, 그리고 이를 주기적으로 검토하고 재산정하기 위한 제도적 주체는 누가 되어야 하는지 등을 포괄적으로 검토하는 과정이 뒤따라야 할 것이다. Bonini& Pais(2017)의 실증 연구에 따르면, 이탈리아 공영방송에 대한 시민들의 불만족도가 매우 높고 그에 비해 수신료를 너무 많이 내고 있다는 의견이 지배적임에도 불구하고, 자신들이 수신료 용처에 대한 의사결정에 참여할 수 있다면 현재보다 더 많은 수신료를 지불할 용의가 있는 것으로 조사되었다. 이처럼 수신료를 '공영방송과 수용자 사이의 시민계약 플랫폼'으로서 전향적으로 재편하는 것은 수용자 선택이라는 미디어, 문화 환경뿐 아니라, 대중권한 강화(popular empowerment)와 시민관여(civic engagement)라는 사회정치적 변동 조건에도 부합한다.

공영방송의 잠재적 혜택을 가늠하는 기준으로서의 공공가치 목록, 이를 구체화한 공공서비스 책무와 역할 정의라는 틀 안에서 공영방송의 재정 수요를 판별하고, 공공재원의 조성과 배분 방식을 제시하는 공공기구 즉, 대의성, 투명성과 함께 전문성을 담보한 독립적 기구가 요청된다. 국회는 미디어 공공서비스의 제도적 영역을 획정하는 일에, 정부는 공영방송을 통해 구현되어야 할 공공 가치와 시기별 공공서비스 책무를 구체적으로 설정하는 일에, 공영방송은 시민을 위해 필요하고 구현 가능한 미디어 공공서비스의 혁신적 기획을 제안하고 실천하는 일에, 그리고 시민사회는 공영방송 거버넌스와 사회적 논의 과정에의 참여를 통해 공영방송에 대한 공적 기대를 구체화하는 것에서 각각의 기능을 수행할 필요가 있다. 그와 같은 거버넌스의 중심에서 공영방송 재정 수요 산정기구는 국회, 정부, 공영방송, 시민사회의 사각구도를 반영하면서, 독립적으로 미디어 공공서비스 재정 수요를 가늠하여, 적정하고 안정적인 형태와 규모의 공공재원 및 상업재원의 규모, 조달 방식을 결정하거나 권고해주는 역할을 할 수 있을 것으로 기대된다.

참고문헌

Bonini, T. & Pais, I. (2017). Hacking Public Service Media Funding: A Scenario for Rethinking the License Fee as a Form of Civic Crowd funding. *International Journal on Media Management, 19*(2), 123-143.

European Broadcasting Union (2017). *Legal focus: Public funding principles for public service media*.

Houses of the Oireachtas (2017). *Report of the Joint Committee on the Future Funding of Public Service Broadcasting*. Dublin, Republic of Ireland: Houses of the Oireachtas.

IHS Inteligence (2015). *Public Broadcasting: How it's Funded, Whether it Has a Future*. Cannes, France: miptv & mipcom.

Nordicity (2016). *Analysis of Government Support for Public Broadcasting*. CBC|Radio-Canada.

Parliamentary Assembly (2009). *Recommendation 1878: Funding of public service broadcasting*. Paris, France: Council of Europe.

Weeds, H. (2016). Is the television licence fee fit for purpose in the digital era? *Economic Affairs, 36*(1). 2-20.

「산업적 지속가능성을 위한
방송영상산업의 재구조화」

7장
산업주체의 관점

신명환

원광대학교 행정언론학부

산업주체의 관점

신명환
(원광대학교 행정언론학부)

 방송산업주체의 관점으로 재원 구조를 살펴보는 단계에서는 미디어 시장을 구성하는 방송산업주체에 대한 이해와 재원을 구성하는 방송 시장에 대한 이해가 요구된다. 방송산업은 지상파방송, 케이블TV, 위성방송, IPTV 등이 대표적이다. 또한 방송산업은 산업 구조에 따라 진입, 소유, 내용, 사후 규제 등의 다양한 형태의 규제가 적용된다. 방송산업의 사업 주체를 획정하는 일은 쉽지 않다. 이는 미디어 산업주체의 영역이 시장의 원리, 방송 정책, 이해 관계 등 복잡하게 얽혀 있기 때문이다. 그러나 방송 재원에 대한 이해의 출발은 방송 시장의 획정에서부터 시작될 수 있으며, 미디어 시장은 방송법에서 제시하고 있는 방송 시장의 구분을 통해 알 수 있다.
 지금의 방송법은 종전의 방송법·종합유선방송법·유선방송관리법 및 한국방송공사법으로 분산된 법체계가 1999년 12월 국회를 통과하여, 2000년부터 시행된 '통합방송법'이다. 2004년 3월에 방송과 통신이 융합되고 있는 현상을 효율적으로 규율하기 위하여 방송의 정의를 조정하고, 신규 방송서비스로 데이터방송, 멀티미디어방송의 도입 근거규정을 마련하는 한편, 별정 방송사업의 개념을 신설하였다. 2019년 6월에 시행되고 있는 방송법을 기초로 삼아 방송사업자를 구분하면 지상파방송사업자, 종합유선방송사업자, 위성방송사업자, 방송채널사용사업자, 공동체라디오 방송사업자로 방송사업자를 획정할 수 있다.

각 방송사업자가 하는 일을 요약하면

- 지상파방송사업자는 방송을 목적으로 하는 지상의 무선국을 관리·운영하며 이를 이용하여 방송을 행하는 사업을 실시한다.
- 종합유선방송사업자는 종합유선방송국(다채널방송을 행하기 위한 유선방송국 설비와 그 종사자의 총체를 말한다)을 관리·운영하며 전송·선로설비를 이용하여 방송을 행하는 사업을 실시한다.
- 위성방송사업자는 인공위성의 무선설비를 소유 또는 임차하여 무선국을 관리·운영하며 이를 이용하여 방송을 행하는 사업을 실시한다.
- 방송채널사용사업자는 지상파방송사업자·종합유선방송사업자 또는 위성방송사업자와 특정채널의 전부 또는 일부 시간에 대한 전용사용계약을 체결하여 그 채널을 사용하는 사업을 실시한다.
- 공동체라디오 방송사업자는 안테나공급전력 10와트 이하로 공익목적으로 라디오방송을 실시한다.

방송산업의 주체와 더불어 방송 재원에 대한 이해는 방송 시장의 유통 구조(그림 1)를 살펴보는 것이 필요하다. 방송 시장의 유통 구조를 시청자를 중심으로 살펴보면 방송시장의 주체는 유료방송 플랫폼사업자, 콘텐츠 제작사업자, 그리고 온라인 유통 플랫폼사업자로 구분할 수 있다. 유료방송 플랫폼사업자는 종합유선방송사업자, 위성방송사업자, 그리고 IPTV사업자로 구성된다. 또한 콘텐츠 제작사업자는 지상파방송사업자, 제작사, 방송채널 사용사업자 등이 있다. 최근 방송시장 환경에서 큰 변화를 가져오고 있는 온라인 유통 플랫폼(OTT) 사업자는 포털서비스, 모바일 IPTV, 온라인 동영상제공 서비스 등의 형태로 방송시장을 구성한다.

이 장에서는 방송법이 획정하고 있는 방송사업자의 주체 유료방송 플랫폼사업자, 콘텐츠 제작사업자, 온라인 유통 플랫폼사업자로 구분하고 방송산업 주체의 관점에서 재원에 대한 시장 구조와 변화 양상 등을 살펴보고자 한다.

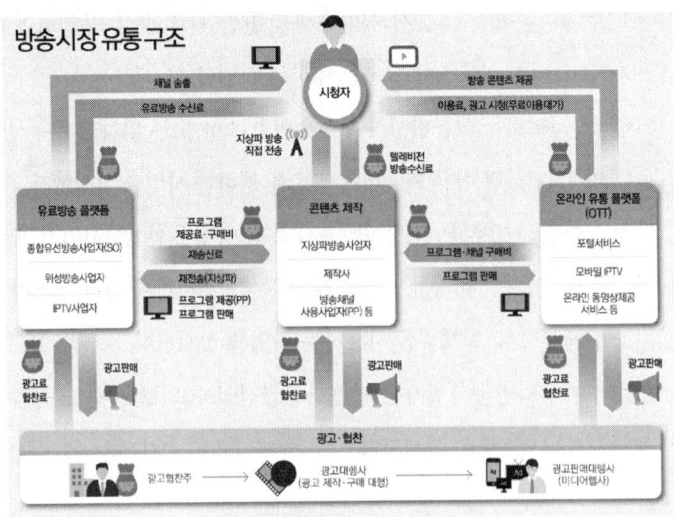

〈그림 1〉 방송시장 유통 구조

출처: 2018 방송산업실태조사 보고서(정보통신정책연구원)

1. 유료방송 플랫폼사업자와 주요 재원

유료방송 플랫폼사업자는 미디어 소비자에게 요금을 부가하고, 이를 통한 재원확보를 주 수입원으로 하고 있다. 이러한 재원 구조를 갖는 유료방송 플랫폼사업자는 종합유선방송사업자(SO), IPTV사업자, 위성방송사업자 등이 해당된다. 케이블TV 사업자는 1993년 광역도시 53개 SO허가(1차)를 시작으로 1995년 아날로그 케이블TV 방송을 실시하였다. 이후 2005년 디지털 케이블 서비스가 상용화 되었으며 2014년 8VSB가 허용되었다. 종합유선방송(System Operation: SO)사업자는 2018년 말 기준 92개로, 씨제이헬로(24개), 티브로드(23개), 딜라이브(16개), CMB(11개), 현대HCN(9개)의 MSO(Multiple System Operator)가 있으며, 9개의 개별사업자가 운영하고 있다. IPTV사업자는 2008년 KT IPTV서비스로 시작되었다. 다음해인 2009년 LG유플러스, SK브로드밴드가 IPTV를 실시하고 있다. 위성TV는 2002년 KT스카이라이프가 서비스를 실시함으로써 시작되었다. 국내 위성방송은 KT스카이라이프가 단독사업자이다.

유료 방송시장은 시장의 논리와 관련 정책에 따라 시장이 개편되는 양상을 보여 왔다. IPTV는 케이블TV 플랫폼을 인수 또는 합병을 위한 노력이 있었으며, 이러한 기업 간 인수 및 합병을 위한 시도는 콘텐츠와 플랫폼의 확보를 통해 미디어 시장의 우위를 선점하기 위한 전략으로 판단된다. 기본적으로 유료방송 시장은 인수·합병을 통한 몸집 불리기로 시장에서 우위 선점을 통해 규모의 경제를 실현하기 위함으로 평가되고 있다.

유료방송 플랫폼사업자의 주요 재원은 방송 수신료 매출과 홈쇼핑채널 송출 수수료를 통한 수익 확보이다. 이외에도 유료방송 플랫폼사업자는 단말장치 대여 매출, 가입 및 시설설치 매출, 광고 매출 등을 통해 재원을 확보한다. 수신료는 유료방송사가 제공하는 방송프로그램과 VOD 콘텐츠를 보는 대가로 가입자들이 지불하는 요금으로 유료방송사의 가장 기본적인 수익원이다. 수신료는 기본채널 수신료, 유료채널 수신료, VOD 수신료로 나누어진다. 유료방송사는 지상파(KBS, MBC, SBS), PP(Program Provider), CP(Content Provider)로부터 프로그램과 VOD 콘텐츠를 구매하여 자사 가입자에게 제공한다. 주요 재원에 대한 세부 설명은 다음과 같다.

- **홈쇼핑채널송출수수료**

유료방송사가 홈쇼핑 방송을 송출해주는 (홈쇼핑사업자에게 채널사용권을 부여하는) 대가로 수령하는 채널사용료이다. 홈쇼핑송출 과정에서 발생하는 추가적인 비용부담이 적어 사실상 홈쇼핑송출 수익의 대부분이 이익으로 직결된다.

- **단말장치 대여 매출**

가입자에게 유료방송 수신장치(STB 등)를 제공하여 얻는 매출이다.

- **가입 및 시설설치 매출**

신규 가입자 유치에 따른 가입비와 유료방송수신 설비를 집 안에 설치해주는 인건비를 포함한다.

• 광고 매출

지상파나 PP와 달리 직접 프로그램을 편성할 수 없는 유료방송 사업자들은 VOD 광고 (TV 다시보기와 영화 시청 전 광고 삽입) 등으로 광고매출을 만들어가고 있다.

유료방송 플랫폼에 따른 재원과 관련된 주요 논의를 살펴보면 다음과 같다.

1) 종합유선방송사업자(SO)

종합유선방송사업자는 케이블TV 방송의 운영 설비를 갖추고 프로그램 공급자(PP)로부터 프로그램을 공급받아 이를 전송망사업자(NO)의 전송망을 통해 가입자의 가정으로 송출하는 사업자이다. 또한 자체적으로 운영하는 지역채널을 통해 허가지역 내 모든 정보를 제공하는 사업자를 말한다. 우리나라는 SO를 2개 이상 가진 복수종합유선방송사업자(MSO)가 시장을 주도하고 있으며, CJ헬로, 티브로드, 딜라이브, 현대HCN, CMB 등이 대표 기업이다.

유료방송(종합유선방송, 위성방송, IPTV, 중계유선방송) 가입자는 3,167만으로 전년 대비 5.4% 증가하였다(2018 방송산업실태조사). 종합유선방송의 재원 구조를 살펴보면, 방송 사업 매출은 방송수신료가 38.1%로 가장 큰 비중을 차지한다. 최근 2년간 추이를 보면 방송수신료의 비중은 2016년 8,424억 원에서 2017년 8,120억 원으로 감소 추세인 반면, 홈쇼핑송출수수료의 비중도 7,671억 원에서 7,561억 원으로 약간 하락세를 보이고 있다. 또한 디지털방송 가입자의 증가로 지속적으로 증가세를 보이고 있는 단말장치대여(판매) 매출은 0.1% 감소하였으나 비중은 2016년

18.9%, 2017년 19.2%로 지속 증가하고 있다. 반면 사업 매출의 규모가 작은 가입 및 시설설치, 협찬 등은 약간의 성장세를 보인다. 또한 종합유선방송의 광고 매출은 2016년 1,354억 원에서 1,375억 원으로 1.5% 증가하고 있다. 그러나 증가세에도 불구하고 고려해야 하는 부분은 IPTV의 광고 증감률이다. IPTV의 광고 증감률은 17.5% 증가하여 전체 방송 광고매출의 3.1%를 차지하여 지속적인 증가세를 보인다. 이러한 성장세임을 감안할 때 종합유선방송은 광고매출에 대한 고려가 필요한 시점이다.

〈표 1〉 종합유선방송의 방송매출 항목 연도별 추이

구분	2014년	2015년	2016년	2017년	2018년	'17~'18년 증감률	연평균 증감률
방송사업매출	23,462	22,590	21,692	21,307	20,898	-1.9%	-2.9%
유료방송수신료	10,645 (45.4%)	9,405 (41.6%)	8,424 (38.8%)	8,120 (38.1%)	7,981 (38.2%)	-1.7%	-6.9%
광고	1,417 (6.0%)	1,392 (6.2%)	1,354 (6.2%)	1,375 (6.5%)	1,407 (6.7%)	2.3%	-0.2%
협찬	22 (0.1%)	25 (0.1%)	26 (0.1%)	30 (0.1%)	32 (0.2%)	6.8%	10.0%
홈쇼핑송출수수료	7,629 (32.5%)	7,714 (34.1%)	7,671 (35.4%)	7,561 (35.5%)	7,571 (36.2%)	0.1%	-0.2%
가입및시설설치	89 (0.4%)	80 (0.4%)	77 (0.4%)	87 (0.4%)	71 (0.3%)	-18.7%	-5.4%
단말장치대여(판매)	3,556 (15.2%)	3,901 (17.3%)	4,091 (18.9%)	4,085 (19.2%)	3,783 (18.1%)	-7.4%	1.6%
기타방송사업	103 (0.4%)	74 (0.3%)	48 (0.2%)	49 (0.2%)	52 (0.3%)	7.3%	-15.5%

출처: KISDI Report, 19-18호

종합유선방송 가입자를 아날로그, 8VSB, QAM 전송방식 기준 (2015년)으로 구분할 때 가입자의 순위는 달리 설명할 수 있다.

MSO(복수종합유선방송사업자)는 씨제이헬로(구 씨제이헬로비전)가 410만으로 가장 많으며, 티브로드(317만), 딜라이브(206만), 씨엠비(155만), 현대에이치씨엔(133만) 순으로 나타나고 있다. QAM 전송방식의 가입자는 딜라이브(79.8%), 씨제이 헬로(구 씨제이헬로비전)(65.8%), 현대에이치씨엔(63.7%)과 티브로드(53.5%), 씨엠비(7.6%)의 순으로 나타난다. 그리고 8VSB 가입자는 씨엠비가 92.4%로 가장 높은 가입자를 확보하고 있으며, 티브로드(39.7%), 씨제이헬로(22.4%) 순으로 나타나고 있다(2018 방송산업실태조사 보고서).

해외의 케이블 사업자의 미디어 소유와 운영의 형태는 국내와는 다른 면모를 보인다. 대표적인 해외 케이블TV사업자인 컴캐스트(Comcast Corp)는 미국 최대 케이블TV 및 인터넷 서비스 업체로 약 5,400만 명 이상의 가입자를 보유하고, 한 해 매출 110조 원을 올리는 세계적인 미디어그룹이다. 컴캐스트는 5개의 영업 부문을 통해 사업을 창출하고 있다. 이는 미디어 기업이 하나의 분야만을 운영하여 재원을 확충하고 있지 않다는 점을 들 수 있다. 구체적으로 컴캐스트의 케이블은 자사의 Xfinity 브랜드를 통해 주요 사업 점유율에 기여한다. 그리고 나머지 4개 부문은 NBCUniversal을 통해 구성한다. 케이블 네트워크(14%)에는 USA 네트워크, MSNBC, NBC 스포츠가 포함되며, 방송TV(12%)는 컴캐스트 NBC와 텔레문도(Telemundo, 스페인어 텔레비전 네트워크), 영화 엔터테인먼트(7%)는 유니버설에서 제작 및 배포한 영화와 엔터테인먼트 자산으로 구성된다. 그리고 테마파크 그룹(3%)은 유니버설에서 운영하고 있다. 2018년 컴캐스트는 영국과 아일랜드를 거점으로 한 유럽 최대 유료방송사업자인 SKY(스카이)를 인수하여 유럽시장 진출의 발판을 마련하고 있다. 해외 케이블 사업자의 재원구조 역시 인수합병을 통한 미디어 기업의 규모를 늘리고, 가입자 확보를 통한 재원 확보에 주력하고 있다.

2) IPTV 사업자

IPTV는 방송용 전파가 아닌 인터넷 프로토콜을 이용해 스트리밍 방식으로 콘텐츠를 제공한다. 즉, 인터넷망을 이용하여 다양한 멀티미디어 콘텐츠를 패킷 방식으로 텔레비전 수상기에 전송하는 서비스이다. IPTV는 통신의 정보 전송 방식인 패킷 전송 방식을 이용하고 있지만, 이용자들은 일반 방송과 동일한 형태로 서비스를 이용할 수 있다. 이러한 성격 때문에 이 서비스에 대해 미국에서는 'IPTV', 일본에서는 '브로드밴드 방송'으로 정의하고 있다(한국IPTV협회). IPTV서비스는 통신서비스와 통신·방송 연계형 서비스, 방송 서비스를 제공한다. IPTV가 제공하고 있는 서비스 영역은 전통적인 통신서비스와 전통적인 방송서비스의 결합을 통한 통신, 방송 연계형 서비스를 제공한다. 즉 VOD서비스나 방송 프로그램 연동형 데이터 서비스, 맞춤형 통신방송 융합 신규 서비스 등이 해당된다.

국내 IPTV 사업자는 통신사업자인 3사(KT, SKB, LG유플러스) 중 KT와 LG유플러스는 통신사업자로 IPTV서비스를 겸업하고 있으며, SK브로드밴드의 최대주주는 통신사업자 SK텔레콤으로 IPTV 3사 모두 이동통신, 인터넷 등 통신사업과 방송서비스의 결합상품을 제공하고 있다. IPTV 사업자(통신사)들은 IPTV 서비스를 기존의 통신서비스(집전화, 인터넷, 모바일)와 번들링, 할인하여 제공함으로써 빠르게 IPTV 가입자를 늘려왔다. 2018년 IPTV

가입자 수는 종합유선방송사업자의 가입자 수를 넘어섰다. 2018년 말 유료방송 방송사업 매출은 IPTV, SO(종합유선방송), 위성방송 순으로 나타나고 있다.

IPTV는 광고 매출에서 지속적인 성장세를 보인다. 2018년말 기준 광고 증감률은 17.5% 증가로 나타나 전체 방송 광고매출의 3.1%를 차지하였다. 그리고 집에서 영화를 보는 VOD 이용이 활성화되면서 광고매출이 증가세를 보이고 있다. IPTV는 가입자의 증가로 인해 가입 및 시설설치 비용을 통한 매출의 변동 폭이 크게 나타났다.

3) 위성방송사업자

국내 위성방송은 KT스카이라이프가 단독사업자이다. 위성방송사업자의 방송사업 매출은 전년대비 3.5% 감소한 5,551억 원이며, 연평균 0.1% 증가 수준으로 타 유료방송에 비해 매출 변동이 크지 않다. 위성방송의 매출 추이를 살펴보면 수신료 매출은 감소하는 형태를 보이고 있으나, 홈쇼핑 송출수수료와 광고 매출은 증가세를 보이고 있다. 항목별 비중은 유료방송수신료와 홈쇼핑 송출수수료 다음으로 광고매출의 비중(9.2%)이 컸으며, 단말장치대여(판매)(2.0%), 가입 및 시설설치(0.9%), 기타방송사업(0.1%) 순으로 나타나고 있다. 위성방송사업자의 방송 매출 항목의 연도별 추이는 〈표 3〉과 같다.

〈표 2〉 IPTV의 방송매출 항목 연도별 추이

구분	2014년	2015년	2016년	2017년	2018년	'17~'18년 증감률	연평균 증감률
방송사업매출	14,872	19,088	24,277	29,251	34,358	17.5%	23.3%
유료방송수신료	12,013	15,018	17,209	19,916	22,345	12.2%	16.8%
	(80.8%)	(78.7%)	(70.9%)	(68.1%)	(65.0%)		
광고	147	436	846	994	1,161	16.8%	67.6%
	(1.0%)	(2.3%)	(3.5%)	(3.4%)	(3.4%)		
홈쇼핑송출수수료	1,754	2,404	3,368	4,890	7,127	45.7%	42.0%
	(11.8%)	(12.6%)	(13.9%)	(16.7%)	(20.7%)		
가입및시설설치	15	50	384	905	527	-41.8%	142.7%
	(0.1%)	(0.3%)	(1.6%)	(3.1%)	(1.5%)		
단말장치대여(판매)	506	842	1,637	1,701	2,649	55.7%	51.3%
	(3.4%)	(4.4%)	(6.7%)	(5.8%)	(7.7%)		
기타방송사업	437	339	832	845	549	-35.0%	5.9%
	(2.9%)	(1.8%)	(3.4%)	(2.9%)	(1.6%)		

출처: KISDI Report, 19-18호

〈표 3〉 위성방송의 방송 매출 항목 연도별 추이

구분	2014년	2015년	2016년	2017년	2018년	'17~'18년 증감률	연평균 증감률
방송사업매출	5,532	5,496	5,656	5,754	5,551	-3.5%	0.1%
유료방송수신료	3,670	3,462	3,336	3,233	3,138	15.7%	-3.8%
	(66.3%)	(63.0%)	(59.0%)	(56.2%)	(56.5%)		
광고	212	240	280	480	511	17.5%	24.7%
	(3.8%)	(4.4%)	(5.0%)	(8.3%)	(9.2%)		
홈쇼핑송출수수료	1,000	1,229	1,522	1,642	1,741	45.2%	14.9%
	(18.1%)	(22.4%)	(26.9%)	(28.5%)	(31.4%)		
가입및시설설치	17	21	55	40	47	135.6%	29.9%
	(0.3%)	(0.4%)	(1.0%)	(0.7%)	(0.9%)		
단말장치대여(판매)	100	92	80	92	111	3.9%	2.6%
	(1.8%)	(1.7%)	(1.4%)	(1.6%)	(2.0%)		
기타방송사업	535	451	383	267	3	1.5%	-72.7%
	(9.7%)	(8.2%)	(6.8%)	(4.6%)	(0.1%)		

출처: KISDI Report, 19-18호

4) 국내 유료방송사업자 경쟁상황

유료방송시장은 SO, 위성, IPTV 등의 유료방송사업자가 다채널방송서비스 등을 제공하고 가입자를 확보하는 시장이다. 유료방송시장의(과학기술정보통신부, 2019년 5월 10일 보도자료) 가입자 수는 2018년 상반기 대비 53만 명이 증가하고 있으나, 2015년 하반기 이후 매 반기별 80만 명 이상 꾸준히 증가하던 증가폭은 2018년 상반기 이후 감소 추세를 보이고 있다.

유료방송 가입자 수와 시장 점유율을 사업자별로 살펴보면 KT, SK브로드밴드, CJ헬로, LG유플러스, KT스카이라이프 순으로 나타나고 있다. KT와 KT스카이라이프를 합산한 가입자 수는 지난 2018년 상반기 (986만 명)대비 24만 명이 증가하여, 유료방송시장에서 31.07%(시장점유율 0.22%p 증가)의 시장점유율을 차지하고 있다. 최근 2년간 시장 점유율 변화를 볼 때, 시장점유율은 감소하는 추세를 보인다. 또한 합산규제 일몰 전후의 시장 점유율을 비교해보면 사업자별 증가폭은 이전과 유사한 수준이다.

유료방송시장에서 시장행위의 경쟁 양상은 요금제를 통한 경쟁상황이 있다. 시장행위에서의 경쟁상황은 결합판매 및 약정을 맺어 할인해 주는 형태로 요금경쟁이 이루어지고 있으며, 약정기간, 결합상품 여부, 요금제, 상품 수준 등에 따라 결합 할인율에 차이를 보이고 있다. 반면 SO는 사업자별로, 사업구역별로 다소 차이는 있지만 대체로 약정 기간에 따른 할인은 디지털 케이블TV(QAM) 상품에만 적용되며, 무약정 가격과 3년 약정 또는 결합(초고속인터넷)약정 가격과는 상당한 차이가 존재하고 있다. IPTV 3사의 경우 SO, 위성방송에 비해서는 대체로 가격 수준이 높은 편을 보이고 있다.

국내 유료방송시장의 가입자 월간매출은 2017년 평균 10,336원 수준으로 전년 대비 2.2% 증가하였고 방송사업매출 기준 ARPU에서는 SK계열, LG유플러스 순이었으나, 가입자매출 기준 ARPU에서는 LG유플러스가 14,654원으로 SK계열(14,126원)보다 높은 수치를 기록하고 있다.

국내 유료방송시장은 신규 서비스와의 경쟁이 증가하고 있다. 국내외에서 이용의 증가 추세를 보이는 OTT 동영상 서비스는 중장기적으로 방송산업 전반에 직간접적인 영향을 미칠 가능성이 존재한다. 특히 유튜브(Youtube), 넷플릭스(Netflix) 등 글로벌 OTT 동영상 서비스사업자의 국내 진출은 국내 OTT 서비스시장과의 경쟁뿐만 아니라 유료방송서비스와 OTT 서비스 간 경쟁관계가 예견된다.

2. 온라인 유통 플랫폼(OTT) 사업자의 주요 재원

OTT 사업자는 크게 두 유형으로 시장의 영향력을 미치고 있다. 넷플릭스(Netflix)나 아마존 플러스(Amazon Plus)처럼 완성도 높은 콘텐츠를 온라인을 통해 제공하는 유사방송 플랫폼들과 유튜브에서 급성장하고 있는 비전문적 인터넷 미디어들이다(황근, 2019). 온라인 유통 플랫폼시장의 변화는 불과 몇 해 전만해도 생존이 어려울 것이라는 비관적 견해들이 있었으며, OTT 산업의 출현과 미디어 지각변동을 가져오고 있다. 특히 OTT 사업자의 매출액 추이는 다른 미디어 산업과 비교가 불가한 상태이다. 세계최대 OTT 업체인 넷플릭스의 2018년 세계 매출은 157억9,431

만 달러(약 17조6,900억 원)로 2017년의 116억9,271만 달러(약 13조1,500억 원)보다 35.08% 성장세를(한국경제, 2019.3.25.) 보이고 있다. 또한 한국의 유튜브 이용 현황조사(2019년 5월)에 따르면, 유튜브 사용시간은 2018년 4월 총 258억 분에서 2019년 4월 388억 분으로 무려 50%나 늘었음. 페이스북은 일일 활성이용자(DAUs, Daily active users)는 2019년 6월 평균 15억9천만 명으로 나타났으며, 매월 활성이용자(MAUs, Monthly active users)는 2019년 6월 30일 24억1만 명으로 매년 8%의 증가를 보이고 있다. 이는 미디어 시장의 이용자가 온라인 유통 플랫폼에 모여 있는 형국을 보여준다. 이에 온라인 유통 플랫폼(OTT) 사업자를 온라인 동영상 제공 서비스사업자, 모바일 IPTV, 포털 서비스로 구분하고 그들의 미디어 환경과 재원 구조를 살펴보기로 한다.

1) 온라인 동영상 제공 서비스

넷플릭스는 미국의 주문형 인터넷 엔터테인먼트 서비스 기업으로 현재 190개국의 유료 회원국을 보유하여 TV시리즈, 다큐멘터리 및 영화 등 다양한 콘텐츠를 제공하고 있다. 넷플릭스의 수익 모델은 유료 구독형 서비스 결제로 전반적인 사업 분야는 미국 내 스트리밍, 국제 스트리밍 및 미국 내 DVD 서비스, 세 분야로 이루어져 있다. 또한 미국 내 DVD 대여 서비스의 경우 우편으로 이루어지는 서비스에 대한 월별 멤버십 요금으로 수익을 창출한다. 넷플릭스는 미국 내 미디어시장의 경쟁구도에서 세계시장으로 사업 시장을 재편하였다. 넷플릭스는 스트리밍 비즈니스의 미국 내 경쟁이 치열해지면서 2010년 캐나다를 시작으로 글로벌 진출을 점차적으로 확대해나고 있다. 국내에는 2016년 1월 7일 진출하여

2019년 2월 말기준 넷플릭스 웹 및 어플리케이션의 순 방문자 240만 2천 명을 기록하고 있다(닐슨코리아클릭, 2019). 넷플릭스는 기존 케이블 채널 서비스와 비교해 더 다양한 채널을 제공하거나 더 많은 영화를 보유하고 있지 않았지만 구독자를 성장시킬 수 있었던 배경은 서비스의 편의성과 저렴한 비용이었다(한국콘텐츠진흥원, 2018).

넷플릭스는 미디어 시장에서 경쟁력을 확보하기 위해 콘텐츠 제작에 힘을 쏟고 있다. 즉 국제 스트리밍 서비스 확장을 위해 넷플릭스는 현지 핵심 콘텐츠를 제작하여 독점으로 제공하는 전략을 세우고 있다. 영국의 〈더 크라운(The Crown)〉, 프랑스의 〈마르세이유(Marseille)〉 등을 시작으로 한국에서는 봉준호 감독의 영화 〈옥자〉에 투자했으며, 드라마 〈킹덤〉, 〈첫사랑은 처음이라서〉, 예능 〈범인은 바로 너!〉 등이 제작되었다. 구체적으로 넷플릭스의 해외 진출 전략은 '현지 사업자와의 제휴 방식'과 '콘텐츠 확보 방법'을 기준으로 구분할 수 있다. 현지 사업자와의 제휴 방식은 유료방송사업자와의 제휴를 통해 셋톱박스와 같은 플랫폼에 직접 접속할 수 있는 애플리케이션이나 채널을 추가하는 방법이 있다. 유럽 진출 당시 IPTV 사업자와 적극적 제휴를 맺어 이들의 IPTV 셋톱박스에 통합된 형태로 서비스를 제공하고 있다(김선미·신명환,2019). 넷플릭스는 온라인 동영상 서비스간 경쟁이 치열해짐에 따라 서비스를 차별화하기 위해 오리지널 콘텐츠를 포함하여 콘텐츠를 획득할 때 독점적 권리를 확보하는 데 주력하고 있다. 넷플릭스의 비즈니스 모델은 여타 경쟁사(블록버스터, 헐리우드비디오, 월마트, 아마존 등)가 쉽게 모방할 수 있었고, 이로 인한 가입자 이탈을 방지하기 위해 저렴하고 신속하게 콘텐츠를 제공할 수 있는 유통

서비스를 지속적으로 개발하고 개선하였다. 또한 자동 추천 시스템(씨네 매치)을 통해 서비스의 개인화를 혁신적으로 이끌었다(김선미·신명환, 2019). 넷플릭스의 사례는 온라인 동영상 제공서비스 사업자의 대표격인 넷플릭스가 미디어 산업을 구축해나가는 형태를 알 수 있도록 한다.

또한 유튜브는 기업의 인수를 통한 미디어 규모의 경제를 실현하는 미디어 기업이다. 2001년부터 2018년까지 약 220개 스타트업을 인수함. 특히 2010~2011년 간 52개, 2014에는 34개의 스타트업을 인수하여 인수합병에 매우 공격적인 행보를 보인다. 인수 분야는 유튜브, 구글맵스, 클라우드, 구글포토, 안드로이드, 가상현실장치 등으로 다양하게 편입하고 있다. 주요 수익 모델은 동영상 재생 시 삽입되는 광고 수익으로, 동영상 업로더와의 수익 배분을 통해 콘텐츠 확보에 주력한다. 2014년 유튜브는 서비스 모델 개선을 위해 동영상 콘텐츠를 광고 없이 볼 수 있는 환경을 제공하는 '유튜브 프리미엄'(과거 명칭 유튜브 레드, YouTube Red) 서비스를 출시하였다. 이 서비스는 월 구독형 서비스로, 구글 뮤직 등 다른 유료 콘텐츠 서비스도 함께 제공한다. 또한 스마트폰으로 콘텐츠를 저장하여 이동통신 데이터 소모 없이 관람할 수 있는 서비스를 제공하여 더욱 편리한 방식으로 모바일을 통해 콘텐츠를 접근할 수 있는 환경을 제공하고 있다.

아마존도 미디어 산업의 신흥 강자로 부각되고 있다. 미국의 워싱턴 시애틀에 본사를 두고 있는 국제적 전자상업회사이자 세계 최대의 온라인 쇼핑 중개업 회사로 세계 최초 최대의 인터넷서점이자 종합 쇼핑몰이었던 아마존은 미디어 산업으로 사업 영역을 확장하고 있다.

Amazon Prime은 아마존닷컴의 유료회원제 서비스로 아마존 프라임 회원이 미국에서 매년 50%씩 증가를 예상하고 있다. Amazon Prime 서비스는 연회비 99달러에 무료배송, 무제한 OTT서비스 시청, 음악스트리밍 서비스 이용이 가능하며, 미국 OTT서비스 시장에서 아마존 프라임 서비스는 시장점유율 25% 수준이다. 아마존 프라임은 구글과의 협력체계 구축을 통해 아마존 파이어TV와 파이어 스마트TV에 유튜브 앱을 설치하고 아마존-구글 영상 서비스를 실시하고 있음. Amazon Kindle은 e-book 서비스로 미국 e-book 시장의 독보적인 1위 서비스이다. 아마존은 빅데이터와 AI 기술 등 4차 산업혁명 기술을 사업에 적극 도입하여 사업혁신을 추진하고 있다.

　최근 조사에 따르면 국내에서 유튜브는 어플리케이션 이용 시간에서 1위를 보였다. 2018년 한국인이 한 달 간 가장 오래 사용한 앱 순위에서 유튜브가 317억 분으로 1위를 차지하고. 2위는 카카오톡(197억 분), 3위는 네이버(126억 분)로 나타났다(와이즈앱 조사,2019). 유튜브는 기존 국내 포털의 영역인 검색, 뉴스, 음악 분야에서 새로운 강자로 부상하고 있다. 유튜버의 활용 목적 중 정보 검색, 뉴스 소비 비중도 높아 유튜브가 기존 포털사업자의 강력한 경쟁자 구도가 예상된다.

　넷플릭스(Netflix)처럼 완성도 높은 콘텐츠를 온라인을 통해 제공하는 플랫폼과 비전문적 콘텐츠가 주요 방송 콘텐츠로 구성되고 있는 유튜브는 미디어 규모를 늘리고, 늘어난 미디어 영역에서 이용자를 흡수하여 시장을 확대하는 전략을 구축해 나가고 있다.

2) 모바일 IPTV

모바일 IPTV는 스마트폰, 태블릿피시 등 모바일 기기에서 이용할 수 있는 IPTV를 말한다. TV로 보던 기존 IPTV에 이동성 기능을 추가한 서비스로, 손안의 TV라 할 수 있다는 점에서 DMB와 비슷하다. 3G보다 데이터 전송 속도가 5배 이상 빠른 LTE의 상용화, 현재의 5G는 HD급 고화질 동영상 같은 대용량 데이터 전송이 가능해지면서 다양한 콘텐츠를 제공할 수 있는 새로운 플랫폼이 되고 있다.

지금의 미디어 이용 환경은 온라인 동영상 서비스의 확산으로 인해 비선형적인 시청 가능성과 능동적 시청환경이 보편화됐다. 미디어 이용자는 시공간을 초월하여 원하는 디바이스와 접근 방식으로 콘텐츠를 선택할 수 있다. 국내에서 제공되고 있는 모바일 IPTV 는푹(Pooq), 티빙(Tving), 옥수수, Wavve 등 시청자에게 콘텐츠 이용에 대한 다양한 선택권을 부여했다. 모바일을 통한 동영상 시청자 수와 시청시간은 점차 증가했고, 모바일을 통해 동영상을 많이 시청할수록 TV를 적게 시청했다(권호영, 2016). 미디어와 콘텐츠 이용방법의 다양화에 따라 TV 시청량의 추이를 보여주는 결과는 앞으로 모바일 IPTV의 성장 가능성을 예측하게 한다.

과거 모바일 IPTV 사업은 통신사들이 음성 통화 분야에선 수익을 내는 데 한계를 느껴 데이터의 트래픽을 유도하는 쪽으로 사업 방향을 잡았다. 그러나 현재 모바일 IPTV가입자는 기존 지상파와 케이블TV 진영의 모바일 플랫폼을 추월했다. 통신요금과 통합한 과금 형태는 결재수단으로서의 장점을 지녀 모바일 IPTV는 새로운 부가통신서비스의 한 사업단위로 평가된다.

3) 포털서비스

국내 대표적인 포털서비스인 네이버와 다음은 방송 서비스를 제공하고 있다. 인터넷을 기반으로 하는 방송제공 서비스를 포털사가 제공한다는 측면에서 포털 서비스라는 산업주체의 영역으로 포함하여 설명한다. 국내에는 대표적으로 네이버(Naver)의 동영상 플랫폼 '네이버TV', 오리지널 콘텐츠 제작에 집중하는 카카오(Kakao M), 국내 대표 1인 방송 플랫폼 '아프리카TV(Afreeca TV)'가 있다. 최근 네이버는 네이버는 2019년 1월, 네이버TV를 유튜브와 같은 오픈 플랫폼으로 변경했다. 그동안 네이버TV는 음식, 뷰티 등 특정 주제에 특화된 창작자를 주로 지원했지만, 1월부터는 누구나 별다른 조건 없이 네이버TV의 창작자로 활동할 수 있게 되었다. 네이버TV 채널 개설 요건 또한 단순화했다. 2018년은 구독자 300명을 보유한 창작자에 한해 네이버 TV에 채널 개설을 신청할 수 있었다. 그러나 최근 채널 개설 자격 요건을 모두 폐지했다. 네이버TV 진입 장벽을 완화해 창작자를 끌어들이겠다는 생각이다. 네이버TV는 채널 개설 자격 요건 완화, 창작자 후원 기능, 동영상 광고시간 축소 기능을 선 보이는 대신, 각 채널의 광고 수익 적용 조건을 강화했다. 기존의 네이버TV 채널은 창작자들에게 특정 요건 없이 동영상에 광고를 추가하여 그에 따른 수익을 얻도록 허용했다. 그러나 2019년 2월부터는 광고 허용 기준을 강화했다.

카카오M은 자체 영상 콘텐츠 제작에 집중한다. 카카오M은 디지털 음원 서비스가 주력 사업이었다. 국내 디지털 음원 플랫폼 '멜론(Melon)'을 소유한 카카오M은 국내 음원 시장에서 40% 이상의 점유율을 확보하고 있으나, 음원 시장 또한 유튜브와 경쟁이 불가피하다. 현재 유튜브는 무료 음원 정책을 기반으로 음원 시장에서 영향력을 확대하고 있기 때문이다. 이에 카카오M은 영상 콘텐츠로의 사업 다각화를 통해 시장 확대에 나서고 있다.

아프리카TV의 주된 재원은 이용자의 후원금이다. 이용자는 개당 110원의 아이템(별풍선)을 구매해 콘텐츠 창작자를 후원할 수 있다. 창작자는 후원받은 별풍선을 실제 현금으로 환전하여 아프리카TV측과 수익을 나눈다. 이때 창작자들은 등급(파트너, 베스트, 일반 등)이 높을수록 더 많은 몫의 수익을 보유할 수 있는 체계를 지닌다. 현재 아프리카TV는 e-스포츠를 성장 동력으로 삼고 있다. 2018년 11월, 아프리카TV는 SBS와 합작 제휴를 통해 e-스포츠 사업을 확대해 나가고 있다. 제작 회사인 에스비에스아프리카TV(SBS-Afreeca TV)는 e-스포츠 방송 제작 및 방영, 라이센싱 등을 함께 관리하고, KT의 IPTV 서비스 '올레TV'에 에스비에스아프리카TV의 자체 채널도 출시했다.

이처럼 포털서비스는 단순 동영상을 인터넷을 기반으로 제공하는 수준을 넘어 다양한 형태의 사업구도 전략을 도입함으로써 재원 확충과 기업의 확장을 도모하고 있다.

3. 소결

　유료방송 시장의 가치사슬 형태는 기존 방송사와 OTT방송사, 통신·케이블 사업자들은 서로 다른 형태의 가치사슬을 보이고 있다. 기존 방송사는 전통적인 형태의 제작, 유통, 배급의 가치사슬을 유지하고 있냐, 사업 전략 내부를 살펴보면 OTT 서비스 중심으로 사업을 개편하고 있는 형태이다. 글로벌 유료방송시장에서 2000년 이후 현재까지의 지속적인 성장 모델은 인수와 인수합병을 통한 기업 사이즈를 키우고 그를 통해 규모의 경제를 실현하는 방식으로 보인다(김선미·신명환, 2019). 미국의 대표적 케이블 기업인 Comcast는 1992년 메트로미디어(Metromedia) 방송의 지분 매입을 통해 3위 케이블방송사로 출발함. 이후 1994년에 맥클린헌터(MacleanHunter)와 2002년에는 At&T브로드밴드(AT&T Broadband), 이후 타임워너케이블(Time Warner Cable), 아델피아 케이블(Adelphia Cable)등을 인수하면서 독보적인 미국 1위의 케이블 기업으로 성장한 사례는 미디어 산업이 재원확보를 위한 방법과 방향을 이해할 수 있게 한다.

　국내 유료방송 시장은 통신 3사를 중심으로 재편되기 시작했다. 동영상 인터넷 서비스(OTT)는 CJ ENM과 Jtbc가 연합한 티빙(TVING)과 지상파3사 연합과 SKT가 연합한 웨이브(wavve), KT의 시리얼(기존 '올레TV 모바일'의 새로운 브랜드), 그리고 넷플릭스가 현재는 LG유플러스와 협력 관계를 맺고 국내 시장 점유율 확대를 위해 경쟁하고 있다. 또한 넷플릭스는 자사에서만 볼 수 있는 독점 콘텐츠를, 웨이브는 지상파 3사의 실시간 라이브 채널을 강점으로 내세우고 있으며, 티빙(TVING)은 CJ ENM과 JTBC 콘텐츠를 강점으로 내세우고 있다. 그리고 KT는 지상파 등과의 공동 제작을 통해 꾸준히 독점 콘텐츠 확보와 경쟁력 강화에 매진할 것으로 예상된다. 유료방송 시장의 재편은 시장의 논리, 즉, 기업의 생사와 연결되어 있다. 기업의 지속적 운영을 위해 재원확보는 필수적이다.

국내 유료방송 시장의 시장 구조 개편은 글로벌 기업들과 유사하게 일어나고 있지만, 4차산업혁명 기술의 도입 및 활용이나 투자규모, 인수 합병 전략들은 차이를 보이고 있다. 그러나 KT나 SKT는 GPS 등의 기술을 바탕으로 네비게이션 사업을 성공적으로 수행한 경험을 바탕으로 통신 관련 서비스에 빅데이터, AI기술 분야의 최고 전문가 사업자이다. 이러한 기술 경영의 잠재력을 미디어 사업안에 새로운 서비스 형태로 제공될 때 이용자의 유입 효과를 누릴 수 있을 것이다.

국내에는 이용자 확보와 광고 매출을 기대할 수 있는 방송 관련 기술이 많다고 여겨진다.

국내 IPTV서비스나 OTT 서비스에서 추천서비스, 빅테이터와 AI 기술을 활용한 방송 서비스의 확대는 미디어 산업의 확장과 재원 확충에 기여할 것으로 보인다.

참고문헌

김선미·신명환 (2019). 국내 케이블TV SO 플랫폼 혁신방안, 서울 : KAIST-D'LIVE.

권호영 (2016). 국내 온라인 동영상 이용 행태. 『방송 트랜드 & 인사이트』 Vol. 10-11, 51-57, 나주 : 한국콘텐츠진흥원.

과학기술정보통신부 (2019). 2018년 하반기 유료방송 가입자 수 및 시장점유율 발표 보도자료.

미디어 이슈 & 트렌드 (2019.5.). 국내 플랫폼의 유튜브 대응 전략 : 네이버, 카카오M, 아프리카TV를 중심으로, 나주 : 한국방송통신전파진흥원.

정보통신정책연구원 (2019). 디지털 콘텐츠 이용현황: 유료서비스 이용자를 중심으로. 『KISDI STAT Report』 19-15, 진천 : 정보통신정책연구원.

황근 (2015). 『방송재원』, 서울 : 커뮤니케이션 북스.

한국콘텐츠진흥원 (2018). 『미국 콘텐츠 산업동향』 15호, 나주 : 한국콘텐츠진흥원

와이즈앱 https://www.wiseapp.co.kr/ (유튜브 이용현황)

스타티스타 https://www.statista.com/ (페이스북 이용현황)

Comcast Annual Report (2018). URL:http://comcast-spectacor.com/PDFs/ComcastSpectacor_Brochure.pdf

Netflix annual report (2018). https://www.netflixinvestor.com/financials/.

산업적 지속가능성을 위한
방송영상산업의 재구조화

맺음말

1987년 브룬틀란트 보고서(Our Common Future)에 따르면 지속가능성(sustainability)이란 '미래 세대의 가능성에 대한 위해나 손상없이 현재의 필요와 미래의 필요가 상호 조우하는 것'으로 정의된다.*

원래 이는 생태학적 또는 발전과정에서 자원의 이용 관점에 입각한 발전철학이었지만, 산업적 측면에서는 보존자원을 고갈시키거나 포식적 성장이 아니라 산업을 구성하는 요소들이 상생하고 미래의 성장가능성을 열어둔 채 이루어지는 현재의 산업적 활동과 발전이라고 할 수 있다.

미디어 산업은 크게 공공의 영역과 사적 시장영역, 작게는 콘텐츠, 플랫폼, 네트워크, 단말 등의 구성요소로 구분된다. 미디어 산업은 공공과 사적영역, 나아가 다양한 시장참여자들이 연계하고 조화를 이루면서 성장·발전하는 상호의존적인 생태계적 모습을 보인다. 따라서 미디어 산업은 지속가능성이 매우 중요한 산업적 가치이자 지향하는 방향이라고 할 수 있다.

한편, 미디어 산업은 공적 가치와 산업적 가치가 병존·양립하는 독특한 특성이 있다. 이 두 개의 공존하는 가치를 매개하는 것이 결국은 재원이라 할 것인데, 산업적 가치의 형성을 가능케 하는 것이 재원이며, 공적 가치를 구현함에 필요한 요소가 또한 재원이다. 따라서 미디어 산업의 지속가능한 발전을 도모함에 있어서는 미디어 산업의 재원이 어떻게 형성되고, 순환되며, 사용되고 그것이 새로운 질적가치로 구체화되는지가 매우 중요하다. 우리나라 미디어 산업의 경우 대격변기를 거치고 있는데, 전통매체와 신규매체의 전환과정이라고도 볼 수 있고, 방송과 통신의 탈화(脫化) 과정에 있다고도 볼 수 있다. 즉, 이러한 전환과정에서는 산업의 재구조화가 필연적이고 이는 미디어재원 역시

---

* Sustainable development is development that meets the needs of the present without compromising the ability of future generations to meet their own needs.

재구조화가 불가피해진다. 결국은 향후 미디어 산업의 재편과 더불어 재원구조 역시 지속가능한 발전이 이루어지고, 이에 기여할 수 있도록 다양하고 진지한 고민이 필요하다.

미디어 산업 연구의 가장 큰 매력은 미디어 산업의 특성과 같이 학제 간 연구와 다양한 확장성, 연계, 조화라 할 것이다. 앞으로 미디어 산업과 재원의 연구에 있어서 다양한 학제 간 연구와 실험을 통해 미래 미디어 산업의 새로운 방향성을 제시하기를 기대한다.

이종관
법무법인 세종 전문위원

산업적 지속가능성을 위한 방송영상산업의 재구조화

초판인쇄 2020년 4월 23일
초판발행 2020년 4월 28일
저　　자 박종민·이종관·노창희·최믿음·정준희·신명환
발 행 인 권호순
발 행 처 시간의물레
등　　록 2004년 6월 5일
등록번호 제1-3148호
주　　소 서울시 마포구 마포대로 4다길 3(1층)
전　　화 02-3273-3867
팩　　스 02-3273-3868
전자우편 timeofr@naver.com
블 로 그 http://blog.naver.com/mulretime
홈페이지 http://www.mulretime.com
정　　가 17,000원

ISBN : 978-89-6511-309-6 (93300)

*이 책의 저작권은 저자에게, 출판권은 시간의물레에 있습니다.
*잘못된 책은 바꿔드립니다.